KNOBLAUCHSLAND
GEMÜSELAND

MARIANNE J. VOELK

FRANKEN VEGETARISCH

DAS KNOBLAUCHSLAND-KOCHBUCH

ars vivendi

Der Verlag bedankt sich im Namen aller Beteiligten ganz herzlich beim
Gasthof Weigel in Fürth-Kronach. Andreas und Stephan Gering
stellten nicht nur ihre Räumlichkeiten zur Verfügung,
Andreas stand auch als Koch parat.
www.gasthof-weigel.de

Bildnachweis:
Alle Fotografien von Peter Kunz, außer:
S. 16: anandaBGD/istockphoto.com; S. 40: Kyu Oh/istockphoto.com; S. 56: elenaleonova/istockphoto.com; S. 82: Vladimir Blinov/istockphoto.com; S. 93: Bojsha65/istockphoto.com; S. 97: 38317/istockphoto.com; S. 100: coleenphotography/istockphoto.com; S. 103: PJ66431470/istockphoto.com; S.124: Snezana Negovanovic/istockphoto.com; S. 138: Nikada/istockphoto.com;
Illustrationen: S. 1, 3: sv_sunny/istockphoto.com; S. 5, 9, 17, 21, 48, 49, 68, 79, 116, 121: lineartestpilot/istockphoto.com;
Foodstyling:
Alle Foodfotos von Marianne J. Voelk, außer:
S. 24: Andreas Gering/Hanne Beinhofer; S. 28: Andreas Gering/Hanne Beinhofer; S. 34: Peter Kunz/Hanne Beinhofer; S. 39: Peter Kunz/Hanne Beinhofer; S. 43: Peter Kunz/Hanne Beinhofer; S. 94: Andreas Gering; S. 123: Andreas Gering;

Erste Auflage Juli 2016

www.arsvivendi.com

Umschlaggestaltung: ars vivendi verlag
Umschlagfotos: Peter Kunz
Druck: GPS Group GmbH, Velden
Printed in Europe

ISBN 978-3-86913-619-6

INHALT

DAS KNOBLAUCHSLAND

Bayerns größter Gemüsegarten ist ein wahres Eldorado für Vegetarier, Veganer und ernährungsbewusste Allesesser. Das Land bietet alles, was das Veggi-Herz erfreut und der Körper braucht, um gesund und munter zu bleiben. Im Freiland und in den Gewächshäusern werden Gemüsesorten von A wie Artischocke über S wie Spargel bis hin zu Z wie Zucchini angebaut. Was liegt da für eine Nürnberger Autorin, die nicht nur gerne traditionelle Gerichte kocht, sondern mit Begeisterung auch neue Rezepte kreiert, näher, als sich an der riesigen Palette von verlockend kunterbunten und frischen Salat- und Gemüsesorten zu erproben und zu experimentieren. Jedes Gericht wurde von Verwandten und Bekannten, die als Vorkoster fungieren mussten, wohlwollend beurteilt, andernfalls als nicht überzeugend aus dem Register verbannt. Das Ergebnis: Ein Buch voll köstlicher, vegan-vegetarischer Rezepte mit dem Besten, was das Knoblauchsland zu bieten hat.

Doch zunächst ein wenig Informatives, das ich Ihnen nicht vorenthalten möchte. Das Knoblauchsland ist von alters her eine traditionelle Gemüseregion, die in der Mitte des Städtedreiecks Nürnberg-Fürth-Erlangen liegt. Im Süden grenzt das Gebiet an die Städte Nürnberg und Fürth, im Westen verlaufen A 73 und Regnitz, im Norden trifft das Land auf die Stadt Erlangen und im Nordosten und Osten schließt sich der Sebalder Reichswald an. Mit einer Fläche von 2.100 Hektar, wovon etwa 1.200 Hektar für den Gemüseanbau nutzbar sind, bildet das Knoblauchsland das größte zusammenhängende Gemüseanbaugebiet Bayerns. Das Land bewirtschaften rund 130 Betriebe, die die gesamte Metropolregion Nürnberg (etwa 3,5 Millionen Einwohner) mit frischem Obst und Gemüse versorgen. Auch Einzelhändler aus dem weiteren Umkreis decken sich hier ein. Man geht davon aus, dass sich der Name »Knoblauchsland« von traditionellen Zwiebelzuchten herleitet. Bereits im 8. Jahrhundert sollen die ersten Siedler, die sich hier niederließen, vorwiegend Knoblauch, Zwiebeln und Kohl angebaut haben.

Das Knoblauchsland – Ein historischer Rückblick

Der Begriff »Knoblauchsland« wird zum ersten Mal in einer Urkunde von 1439 erwähnt, wie das Wachstafelzinsbuch des Burggrafentums Nürnberg von 1425 aufzeigt. Doch erst um 1600 weist der Nürnberger Stadtschreiber Johannes Müllner auf die Zwiebel als Namensgeberin hin: »... *[die] Flecken und Dörfer (des Knoblauchslandes) liegen alle zwischen dem Wald und der Rednitz gegen der linken Hand, welcher Traktus insgeheim das Knoblauchsland genennet wird, aus Ursach, dass viel Zwieffel und Rubsamen gebauet und von hinnen in fremde Land verführt ... und damit große Hantierung getrieben wird.*«[1]

Es waren die Königshöfe von Aurach, Fürth und Nürnberg, die bereits im 8. Jahrhundert mit der Erschließung des Knoblauchslandes begannen. Im Schutze des Königshofs Aurach entstanden die ersten Siedlungen Großgründlach, Eltersdorf und Königsmühle. Wetzendorf, Schniegling, Braunsbach, Poppenreuth, Boxdorf, Mannhof und Steinach konnten erst durch Rodungen angelegt werden, welche vom Königshof Fürth angeordnet wurden. Die Siedlungen Thon, Großreuth und Kleinreuth verdanken ihre Entstehung der Gründung Nürnbergs, dessen Existenz erstmals 1050 urkundlich erwähnt wurde, und trugen zur Verbesserung der wirtschaftlichen Situation der jungen Stadt bei. Die weitere Erschließung des Gebietes nahmen die sogenannten Reichsdienstmänner vor, die vom König eingesetzt wurden. Sie erschlossen, teilweise durch weitere Rodungen, den nördlichen Teil des Gebiets, wodurch wiederum zahlreiche Flecken und Dörfer Platz fanden, deren Bewohner das fruchtbare Land bebauten und die Königshöfe mit Gemüse versorgten.

Sowohl Nürnberger Geschlechter als auch der damalige Burggraf erwarben ab Mitte des 13. Jahrhunderts viele dieser Besitztümer im Knoblauchsland. Die Reichsstadt behielt durch ihre Kirchenstiftungen und Geschlechter die Macht über das Land, daher waren die Knoblauchsländer Bauern weitgehend der Grundherrschaft der Stadt unterstellt. Im Jahr 1427 kaufte die Reichsstadt Nürnberg den größten Teil der Rechte des Burggrafen auf.

Doch Widersprüche in den Verträgen führten zwischen den Parteien zu erheblichen Konflikten, die letztendlich 1449 den Ersten Markgrafenkrieg auslösten. Dieser Krieg richtete die Ortschaften Almoshof, Großreuth, Höfles, Kleinreuth, Lohe, Schnepfenreuth, Schniegling, Thon und Wetzendorf zugrunde. Geraume Zeit später tobte während der Jahre 1552 und 1553 der Zweite Markgrafenkrieg. Land und Leute konnten sich von diesen Kriegen kaum erholen, als 1618 der Dreißigjährige Krieg folgte, der das gesamte Knoblauchsland zerstörte und die Bevölkerung in Leid und Verarmung stürzte. 1796 kam das Knoblauchsland unter preußische Verwaltung, ehe es 1806 von dem neu gegründeten Königreich Bayern übernommen wurde.

Das Knoblauchsland blieb aber auch von den Auswirkungen des Zweiten Weltkriegs nicht verschont. Im Zuge der Luftangriffe auf Nürnberg wurde am 6. Mai 1941 unter anderem Neunhof bombardiert, am 20. April 1945 nahm die US-Armee über das Knoblauchsland die Stadt Nürnberg ein, wobei sie mit ihren Panzern auf dem Ackerland große Verwüstungen hinterließen.

Sehenswürdigkeiten und Brauchtum im Knoblauchsland

Die Ortschaften im Knoblauchsland haben ihren Dorfcharakter zum Teil bemerkenswert gut erhalten. Das Typische an manchem Dorfbild sind die

[1] Guttenberger, Erich/Rusam, Hermann: Knoblauchsland: Romantik einer altfränkischen Gemüsebauernlandschaft inmitten des Städtedreiecks Nürnberg, Fürth, Erlangen, Edelmann 1989

1752
Gasthaus zum schwarzen Adler
166

ursprünglichen Häuser, die dem offenen Land ihre fensterlose Rückseite zuwenden. Sie sind häufig von einer Steinmauer mit reizvollen Toreinfahrten umgeben. Die ältesten der noch vorhandenen Häuser stammen etwa aus der Mitte des 17. Jahrhunderts. Eine besondere Attraktion der Landschaft sind vor allem die kleinen Herrensitze des Nürnberger Patriziats wie das Hallersche Schloss in Großgründlach, das Löffelholz-Schlösschen in Steinach, das Holzschuher-Schloss in Almoshof und das ehemalige Wasserschloss der Kreß von Kressenstein in Neunhof.

Seit 1992 lädt das Knoblauchsland einmal im Frühjahr zum »Tag der offenen Tür« ein. Der Erfolg war von Anfang an überwältigend. Jedes Jahr lockt die Veranstaltung im Mai einige Zehntausend Besucher vor die Tore Nürnbergs, die sich über die modernen Methoden des kontrollierten, integrierten Gemüseanbaus informieren wollen und gleichzeitig die Gelegenheit wahrnehmen, sich mit frischen regionalen Produkten zu versorgen. Eine Attraktion sind die hübsch geschmückten Pferdebusse und -kutschen, die die Gäste mit zwei PS zu den antiken Sehenswürdigkeiten des Knoblauchslandes bringen.

Auf eine alte Tradition können auch die Kirchweihfeste, die »Kärwas«, zurückblicken. Obwohl Nürnberg und das Umland im Zuge der Reformation evangelisch wurden und Luther nicht viel von den Kirchweihfesten hielt, behielt man den alten Brauch bis heute bei. Ab Mai feiert fast jedes Wochenende eines der Dörfer Kirchweih mit Karussells und Buden. Viele Schaulustige treffen am Kirchweihsonntag ein, um den Festzug des jeweiligen Dorfes zu bewundern, bei dem mit viel Einsatz und Hingabe aktuelle Themen aus der Region und sogar aus der ganzen Welt dargestellt und veräppelt werden. Einer der beliebtesten Kirchweihzüge findet alljährlich im Gemeindeteil Neunhof statt. Den Abschluss der über 20 Kirchweihfeste bildet die Fürther Michaelis-Kirchweih, von den Einheimischen liebevoll »Färdder Kärwa« genannt. Sie ist die größte Straßenkirchweih Bayerns. Alle Stände und Buden aneinandergereiht ergäben eine Strecke von etwa 3,5 Kilometern. Höhepunkt ist der am zweiten Kirchweihsonntag stattfindende Erntedankfestzug mit 3.000 Mitwirkenden und mehr als 100.000 Zuschauern. Hier können die Knoblauchsländer Bauern in ihren prächtigen Trachten aufmarschieren und auf großen geschmückten Wagen, gezogen von stattlichen Kaltblütern, ihre Erzeugnisse zur Schau stellen.

Das Angebot im Knoblauchsland

Das riesige Angebot an Gemüse, Salaten und Kräutern – vom Feld frisch auf den Markt – lässt nicht nur das Vegetarierherz höher schlagen. Auch ernährungsbewusste Fleischesser suchen ihren Speiseplan durch vitamin- und mineralstoffreiche Frischkost aufzuwerten. Selbst Fast-Food-Anhanger und notorische Grünzeugverächter werden durch den verlockenden Anblick der kunterbunten frischen Lebensmittel auf den Marktständen dazu verführt, ein paar saftige Tomaten oder einen Bund knackiger Radieschen mitzunehmen.

Der Saisonkalender auf den folgenden Seiten gibt einen Überblick über Angebot und Verfügbarkeit.

	Januar	Februar	März	April	Mai	Juni	Juli	August	September	Oktober	November	Dezember
Artischocken					●	●	●	●	●	●	●	
Auberginen				●	●	●	●	●	●	●		
Bamberger Hörnla	●	●	●	●	●	●			●	●	●	●
Batate (Süßkartoffel)						●	●	●	●			
Blumenkohl					●	●	●	●	●	●	●	
Bohnen						●	●	●	●	●	●	
Brokkoli					●	●	●	●	●	●	●	
Champignons	●	●	●	●	●	●	●	●	●	●	●	●
Chicorée	●	●	●	●	●	●	●	●	●	●	●	●
Chilischoten	●	●	●	●	●	●	●	●	●	●	●	●
Chinakohl	●	●	●		●	●	●	●	●	●	●	●
Eichblattsalat			●	●	●	●	●	●	●	●	●	
Eissalat					●	●	●	●	●	●		
Endiviensalat					●	●	●	●	●	●	●	
Feldsalat	●	●	●	●	●	●	●	●	●	●	●	●
Fenchel						●	●	●	●	●	●	
Friséesalat					●	●	●	●	●	●	●	
Grünkohl	●	●	●							●	●	●
Gurken			●	●	●	●	●	●	●	●	●	
Karotten/Möhren	●	●	●	●	●	●	●	●	●	●	●	●
Kartoffeln	●	●	●	●	●	●	●	●	●	●	●	●
Knoblauch	●	●	●	●	●	●	●	●	●	●	●	●
Knollensellerie	●	●	●	●	●	●	●	●	●	●	●	●
Kohlrabi					●	●	●	●	●	●	●	
Kopfsalat			●	●	●	●	●	●	●	●	●	
Kürbis								●	●	●	●	
Lauch-/Frühlingszwiebeln					●	●	●	●	●	●		
Lauch/Porree	●	●	●	●	●	●	●	●	●	●	●	●
Mangold						●	●	●	●	●		
Meerrettichwurzel	●	●							●	●	●	●
Mix-Salate			●	●	●	●	●	●	●	●	●	

	Januar	Februar	März	April	Mai	Juni	Juli	August	September	Oktober	November	Dezember
Paprikaschoten			●	●	●	●	●	●	●	●	●	
Pastinaken	●	●	●						●	●	●	●
Petersilienwurzel	●	●								●	●	●
Pfifferlinge						●	●	●	●	●	●	
Radicchio					●	●	●	●	●	●		
Radieschen				●	●	●	●	●	●	●	●	
Rettich rot				●	●	●	●	●	●	●	●	
Rettich schwarz	●	●	●						●	●	●	●
Rettich weiß				●	●	●	●	●	●	●	●	
Rhabarber			●	●	●	●	●					
Romanasalat					●	●	●	●	●	●		
Romanesco					●	●	●	●	●	●		
Rosenkohl	●	●	●						●	●	●	●
Rote Bete	●	●	●	●	●	●	●	●	●	●	●	●
Rotkohl	●	●	●	●	●	●	●	●	●	●	●	●
Rucola			●	●	●	●	●	●	●	●		
Schalotten					●	●	●	●	●	●		
Schwarzwurzel	●	●	●							●	●	●
Spargel				●	●	●						
Spinat	●	●	●	●	●	●	●	●	●	●	●	●
Spitzkohl				●	●	●	●	●	●	●	●	
Staudensellerie					●	●	●	●	●	●	●	
Steckrübe	●	●	●						●	●	●	●
Tomaten				●	●	●	●	●	●	●	●	
Topinambur	●	●	●						●	●	●	●
Weißkohl	●	●	●	●	●	●	●	●	●	●	●	●
Wirsing						●	●	●	●	●	●	●
Zucchini					●	●	●	●	●	●		
Zuckererbsen						●	●	●	●			
Zuckermais							●	●	●	●	●	●
Zwiebeln	●	●	●	●	●	●	●	●	●	●	●	●

Außerdem werden angebaut:

Kräuter: Basilikum, Dill, Koriander, Kresse, Liebstöckel, Majoran, Minze, Petersilie, Sauerampfer, Schnittlauch u. a.

Obst: In Gewächshäusern werden Erdbeeren und Himbeeren in Hochbeeten gezogen. So können diese schon lange vor der eigentlichen Saison zu Beginn des Frühlings bis tief in den Herbst hinein auf den Märkten angeboten werden. Manche Bauern haben saisonal Brombeeren, Johannisbeeren und Stachelbeeren im Angebot, oder auch Steinobst, sofern sie über einen Obstgarten mit entsprechenden Bäumen verfügen. Und nicht zu vergessen die wundervollen und saftigen Kirschen, welche die Nachbarn des Knoblauchlandes, die Bauern der Kalchreuther Obstgärten, auf die Märkte bringen.

Sonstige Produkte: Einige Gehöfte bieten zusätzlich Eier, Rohmilchkäse und Ziegenkäse aus Eigenherstellung in Bioqualität auf dem Markt an. Imker verkaufen in ihren Hofläden und auf den Märkten ihren Honig – gerade für ernährungsbewusste Vegetarier von großer Bedeutung. Bekanntlich ist Zucker in jeglicher Form der Gesundheit nicht unbedingt zuträglich, doch Honig als Süßungsmittel ist zumeist bekömmlicher.

Einbürgerung von Exoten

In Deutschland waren verschiedene Gemüse wie beispielsweise Paprika, Zucchini, Auberginen, Zuckermais und Artischocken sowie auch einige fremde Salate, die für uns heute selbstverständlich sind, bis nach dem Zweiten Weltkrieg so gut wie unbekannt. Es waren Gastarbeiter sowie Einwanderer aus fernen Ländern, die uns diese Gemüse nahe brachten. Sie eröffneten Restaurants und verwöhnten uns mit ungewohnten kulinarischen Genüssen aus ihrer Heimat, womit sie zur Beliebtheit der vormals fremden Gemüsesorten beitrugen. Da die Gemüsebauern aus dem Knoblauchsland nicht nur den Großmarkt und die regionalen Märkte beliefern, sondern auch direkt zahlreiche Gaststätten im Umland, sind sie stets bestrebt, der Nachfrage gerecht zu werden und der Konkurrenz aus dem Ausland die Stirn zu bieten. In großflächigen Treibhäusern wird all das exotische Gemüse gezogen, das in der Freilandzucht keine Wachstumschance hat. Seit einigen Jahren werden im Knoblauchsland beispielsweise auch Topinambur und Batate gezüchtet. Topinambur ist eine Pflanze aus der Familie der Korbblütler und zählt zur selben Gattung wie die Sonnenblume. Sie stammt ursprünglich aus Nord- und Mittelamerika, wo sie in rauen Mengen wild in der Prärie wächst. Ihr botanischer Name »Helianthus tuberosus« leitet sich aus den griechischen Wörtern »helios« für Sonne und »ánthos« für Blüte ab. Der zweite Teil des Namens kommt von der lateinischen Bezeichnung »tuber«, was so viel wie Knolle bedeutet. Die Batate stammt ursprünglich aus Mittel- und Südamerika. Sie wird als Süßkartoffel bezeichnet, was häufig Verwirrung stiftet, denn tatsächlich ist sie mit unserer heimischen Kartoffel nicht verwandt.

Doch die kreativen Knoblauchsländer Bauern ruhen sich auf ihren Zuchterfolgen nicht aus. Ständig versuchen sie, weitere exotische Gemüsesorten dem Land anzupassen und heimisch zu machen. Das ist mit viel Arbeit und Geduld verbunden, und nicht immer stellt sich nach dem Fleiß der ersehnte Erfolg ein.

Knoblauchsland
Großmarkt Nürnberg
MEINERT

VEGETARISCHE NAHRUNG ...

... ist belebende Nahrung

Das Wort »vegetarisch« leitet sich von dem lateinischen Adjektiv »vegetabilis« ab, was belebend heißt. Vegetarismus weist demnach auf eine Ernährungsform hin, die aus belebender Kost besteht. Die Vegetation ist die lebende Pflanzendecke, die weite Teile unserer Erde überzieht. Auch das englische Wort »vegetable« (Gemüse) lässt seinen lateinischen Ursprung erkennen. Wie so viele andere Vokabeln wurde es aus der lateinischen Sprache übernommen, als die Römer fast 500 Jahre lang das damalige Britannia (Großbritannien) in ihrer Gewalt hatten und über das Land herrschten.

Gesundheitlicher Gewinn durch vegetabile Nahrung

Leidenschaftliche Fleischesser, die dazu übergehen, vermehrt vegetarische Nahrung in ihren Speiseplan aufzunehmen, bemerken bald nicht nur, wie sich in ihrem Körper ein gesundheitlicher Wandel vollzieht, sie fühlen auch, wie sie sich zunehmend seelischer Ausgeglichenheit erfreuen. Doch diese Harmonie im Körper-Geist-Seele-Gefüge kann nur eine Nahrung bewirken, die natürlich und belebend ist – wie die Erzeugnisse aus dem Knoblauchsland.

Lebenskraft durch Pflanzen

Die Flora unserer Erde bietet uns ein unerschöpfliches Reservoir an universeller Lebenskraft, da sie die Energie der Sonne aufnimmt und an Mensch und Tier weitergibt.

Pflanzen besitzen die Fähigkeit, aus Licht, Kohlendioxid und Wasser Sauerstoff (und Glucose) zu synthetisieren. Sie fangen mit Hilfe des Chlorophylls, dem Farbstoff ihrer Blätter, die Strahlungsenergie der Sonne ein, die sie in Lebensenergie umsetzen und speichern. Mit ihren grünen Teilen entziehen die Pflanzen der Luft Kohlendioxid, das sie über komplexe Prozesse in Sauerstoff umwandeln, die sogenannte Fotosynthese. Fotosynthese bedeutet »Licht« (photos) und »Zusammensetzung« (synthesis). Es bilden sich Kohlenstoffverbindungen wie Glucose (Traubenzucker), welche weiter in Stärke, Fette und Eiweiße synthetisiert wird. Wasser wird in Wasserstoff und Sauerstoff aufgespalten, wobei der Sauerstoff als eine Art Abfallprodukt in die Luft entweicht, ohne welchen kein Lebewesen existieren würde. Neben dem lebensnotwendigen Sauerstoff versorgen sich Pflanzenesser auf direktem Weg mit den energiereichen Substanzen der Pflanzen, Fleischesser indirekt über pflanzenfressende Schlacht- oder Nutztiere. Pflanzen decken somit im doppelten Sinn den Nährstoffbedarf von Mensch und Tier. Leben und Überleben von Mensch und Tier hängen somit von einer intakten Pflanzenwelt ab.

Nicht dem Zufall, sondern biologischem Wissen verdanken wir es, dass ein grünes Blatt schon seit langer Zeit ein Symbol für das Leben darstellt.

Ziergewächse verschönern nicht nur unsere Wohn- und Arbeitsräume und vermitteln uns deshalb mehr Lebensfreude, sondern besitzen obendrein die Fähigkeit, die Luft ständig mit frischem Sauerstoff anzureichern, wodurch sie einen bedeutenden Beitrag für unsere Lebensqualität leisten.

Mit Liebe und Teilnahme hegen und pflegen wir unsere Zierpflanzen auf der Fensterbank, auf dem Balkon und im Garten. Wir beobachten ihre

Entwicklung, die Entstehung und Entfaltung jedes Blattes und jeder Blüte. Für unsere liebevolle Pflege werden wir reich belohnt; die Pflanzen danken uns die Fürsorge mit ihrer farbenfrohen, leuchtenden Blütenpracht.

Pflanzen, die unserer Ernährung dienen, bedürfen der gleichen Fürsorge. Diese wird ihnen im Gemüsegarten Knoblauchsland aus vollem Herzen zuteil.

Eisenbedarf

Es sind nicht nur Laien, die fürchten, reine Pflanzenkost würde zu Eisenmangel führen, selbst manche Mediziner vertreten die Auffassung, nur Fleisch, Eier und insbesondere Leber würden den Eisenbedarf des Menschen zuverlässig decken. Sie hegen die größten Befürchtungen, dass Menschen, die Tierprodukte ablehnen, über kurz oder lang unter Eisenmangel leiden. Dass übermäßiger Verzehr tierischer Produkte eher zu einer Eisenüberversorgung führt, wird hierbei übersehen.

»Organisches Hämeisen in Form von Hämoglobin und Myoglobin, z. B. aus Fleisch, durchquert leicht die Darmschleimhaut, um ins Blutplasma zu gelangen. Dieses umgeht die Kontrollmöglichkeit des Organismus und kann zur Eisenüberladung führen«, erklärt der renommierte Ernährungswissenschaftler Dr. Claus Leitzmann, Professor an der Justus Liebig Universität Gießen. »Eine überhöhte Eisenversorgung wird mit der Entstehung und dem Verlauf verschiedener Erkrankungen wie Infektionen, Arteriosklerose und Krebs in Verbindung gebracht.« Was nun das Eisen betrifft, so ist dies aber nicht nur in Fleisch, sondern auch in vegetarischer Kost enthalten. Wichtig ist nur, dass der Mensch das Eisen gut verwerten kann. Daher wird empfohlen, zu einer eisenhaltigen vegetarischen Mahlzeit ein Glas Orangensaft zu trinken, da Vitamin C die Verwertung des pflanzlichen Eisens fördert.

Anders als Vegetarier, die sich abwechslungsreich und ausgewogen ernähren, laufen sogenannte »Puddingvegetarier« große Gefahr, allerlei Mangelerscheinungen zu erleiden, da sie lediglich auf Fleisch verzichten, sich im Übrigen aber nicht besonders gesund ernähren. Die gewohnte Zivilisationskost ist in den meisten Fällen durch reichlich Fertig-, Weißmehl- und Fabrikzuckerprodukte und zu wenig Gemüse, Obst und Vollgetreide gekennzeichnet. Fehlende oder zu geringe Eisenzufuhr ist die logische Folge. Und wenn die Ergebnisse von Blutuntersuchungen dann nicht zufriedenstellend sind, vor allem in Bezug auf die Eisenwerte, wird dies oft auf das Fehlen tierischer Produkte in der Ernährung zurückgeführt.

Keine Angst vor Eiweißmangel

Durch die Kombination von Wurzel-, Frucht-, Blattgemüse und Obst – empfohlen wird ein täglicher Verzehr von wenigstens zwei über und zwei unter der Erde gewachsenen Sorten aus der großen Gemüse-Obst-Palette der Natur – wird der Organismus mit allen wichtigen Aminosäuren versorgt, die sich zu vollständigen Proteinen vereinen. Darüber hinaus wird eine ausgewogene Aufnahme aller lebensnotwendigen Vitalstoffe erzielt, die uns gesund und leistungsfähig erhalten.

Wer sich noch nicht ganz von dem Gedanken an ein Stück Fleisch auf dem Teller trennen mag, kann auf zahlreiche Fleischersatzprodukte (z. B. Schnitzel, Steaks, Brustfilets, Keulen, Würstchen) aus Soja, Weizen oder Lupinen zurückgreifen. Bei Allergien gegen Sojaprodukte oder Weizenklebereiweiß (Gluten) sollte man Lupinenprodukte vorziehen. *(Die Zubereitung von Fleischersatzprodukten ist nicht Thema dieses Kochbuchs; folgen Sie den Packungsanweisungen.)*

BASICS – GARMETHODEN

Gemüse schonend garen

Die schonendste Weise, Gemüse zu garen: Verwenden Sie die niedrigste, zweckentsprechende Temperatur, nach dem Motto: Außen heiß und innen knackig! Lang und hoch erhitzen schadet den Vitalstoffen mehr als kurz und niedrig. Je weniger Flüssigkeit verwendet wird, desto weniger Vitamine werden ausgespült. Aufwärmen schadet den Vitaminen weniger als warmhalten. Je stärker der Verlust an Vitalstoffen durch Erhitzen, desto mehr muss durch den Verzehr von Frischkost ausgeglichen werden.

Die verschiedenen Garmethoden

Jede Erhitzungstechnik verleiht einem Gericht ein spezifisches Aroma und seine typische Konsistenz. Außerdem wirkt sich eine jede unterschiedlich auf die Vitalstoffe der Zutaten aus. Nachfolgend eine Übersicht zu den verschiedenen Garmethoden.

Backen: Garen in heißer, trockener Luft im Backofen.

Blanchieren: kurzer Garprozess in heißem Wasser, anschließendes Abkühlen/Abschrecken mit kaltem oder in Eiswasser.

Braten: bräunendes Garen in der Pfanne in wenig heißem Fett oder im Backofen unter öfterem Begießen mit Bratflüssigkeit oder Fett.

Dämpfen: sanftes Garen in strömendem Wasserdampf bei Temperaturen um 100 °C in verschlossenem Topf mit Siebeinsatz. Das Gargut kommt nicht mit dem Wasser in Berührung.

Dampfdruckgaren: Kochen, Dämpfen, Dünsten oder Schmoren unter Druck im Schnellkochtopf.

Dünsten: schonendes Garen im eigenen Saft oder unter Zugabe von etwas Brühe, Wasser oder Fett bei Temperaturen um 100 °C in einem fest schließenden Gefäß.

Frittieren/Ausbacken: bräunendes Garen in viel heißem Fett. Das Gargut kann vor dem Frittieren mit einem Backteig/einer Panade umhüllt werden (besonders Gargut mit hohem Wasseranteil).

Glasieren: ständiges Schwenken von mit Zucker bestreutem blanchierten oder halb gegarten Gemüse oder Obst bis zu einer sirupartigen Glasur.

Gratinieren: Überbacken von meist vorgegarten Speisen bei starker Oberhitze oder unter dem Grill bei Temperaturen über 200 °C.

Grillen: schnelles bräunendes Garen auf heißem Rost oder im Backofen mit wenig Fett bei Temperaturen um 250 °C.

Kochen/Sieden: Garen in viel Flüssigkeit bei Temperaturen um 100 °C.

Pochieren/Garziehen: langsames Garen in reichlich heißer Flüssigkeit unterhalb des Siedepunkts (nicht über 80 °C).

Schmoren: Kombination aus Braten und Dünsten. Anbraten in heißem Fett, dann das Gargut ein Viertel bis zur Hälfte mit Wasser bedecken und im geschlossenen Topf bei milder Hitze fertig garen.

Doch nun genug der Theorie! Lasst uns mit dem Kochen beginnen!

FRÜHLING

Frühlingssalat mit Sauerrahmsauce

Für 4 Personen

Für den Salat:
200 g gemischter Salat, z. B. Babyspinat, Friséesalat, Romanasalat
1 Tomate
¼ Salatgurke
½ gelbe Paprikaschote
3 Frühlingszwiebeln
je 3 Stängel Dill, Kerbel und Liebstöckel
3 hartgekochte Eier (vegan: 1 Avocado plus etwas Salz)

Für die Salatsauce:
250 g Sauerrahm (vegan: Soyananda Sauerrahm)
1 EL kalt gepresstes Sonnenblumenöl
1 EL weißer Balsamicoessig
½ TL Meerrettichwürze
½ TL milder Senf
Meersalz
Pfeffer aus der Mühle
Dillspitzen zum Servieren

Die **Salate** putzen, waschen und trocken schleudern. Anschließend in mundgerechte Stücke zupfen. Das Gemüse putzen und waschen. **Tomate** und **Gurke** in Scheiben, **Paprikaschote** und **Frühlingszwiebeln** in Ringe schneiden. Die **Kräuter** grob hacken und alles zusammen in einer Schüssel mischen. Die **Eier** schälen, in Scheiben schneiden und unter den Salat heben.
Für die vegane Alternative eine nicht zu reife **Avocado** der Länge nach halbieren und entsteinen. Mit einem mittelgroßen Kugelausstecher (z. B. 22 mm Ø) 8 Kugeln aus dem Fruchtfleisch herauslösen. Die Kugeln leicht **salzen** und unter den Salat heben.
Sauerrahm, **Öl**, **Balsamico**, **Meerrettichwürze** und **Senf** zu einer Salatsauce verrühren und pikant mit **Salz** und **Pfeffer** abschmecken. Die Sauce über den Salat geben, **Dillspitzen** darüberstreuen und servieren.

Radieschen-Rucola-Salat

Für 4 Personen

Für den Salat:

1 Bund Radieschen
100 g Rucola
2 EL Ricotta (vegan: No-Muh classic)
3 EL Sonnenblumenkerne

Für die Salatsauce:

2 EL Zitronensaft
4 EL extra natives Olivenöl
1 TL Honig (vegan: Ahornsirup)
Meersalz
Pfeffer aus der Mühle

Die **Radieschen** knapp vom Bund abschneiden, dann putzen, waschen und in dünne Scheiben schneiden. Den **Rucola** waschen und trocken schütteln, den **Ricotta** grob zerkrümeln.

Zitronensaft, **Öl** und **Honig** in einer Tasse zu einer Salatsauce mischen und mit **Salz** und **Pfeffer** abschmecken.

Radieschen, Rucola und Ricotta in eine Salatschüssel geben, die Sauce darübergießen und etwa 10 Minuten ziehen lassen. Inzwischen die **Sonnenblumenkerne** in einer Pfanne ohne Fett rösten, bis sie duften.

Den Salat mit den Kernen bestreuen und servieren.

Weiße Spargelcremesuppe

Für 4 Personen

1 kg Spargel
Meersalz
1 TL Blütenhonig (vegan: Agavendicksaft)
60 g Butter (vegan: Alsan Bio)
50 g Dinkelmehl
100 g Sahne (vegan: Dinkelsahne)
1–2 TL Zitronensaft
weißer Pfeffer aus der Mühle
frisch geriebene Muskatnuss
Schnittlauchröllchen zum Servieren

Den **Spargel** waschen, schälen und die holzigen Enden abschneiden. Die Stangen schräg in mundgerechte Stücke schneiden. 1 l Wasser mit **Salz**, **Honig** und 15 g **Butter** aufkochen, den Spargel hineingeben und etwa 10–15 Minuten garen.

Die restliche Butter in einem Topf zerlassen und das **Mehl** hineinrühren. Den Topf vom Herd nehmen und unter ständigem Rühren 3 Schöpflöffel der heißen Spargelbrühe zugießen. Den Topf zurück auf den Herd stellen und die restliche Spargelbrühe mit den Spargelstücken hineingeben. Die **Sahne** unterrühren und mit Salz, **Zitronensaft**, **Pfeffer** und **Muskatnuss** abschmecken.

Die Spargelcremesuppe auf vier Teller anrichten und den **Schnittlauch** kurz vor dem Servieren darüberstreuen.

Bamberger-Hörnla-Salat mit Kräuterküchle

Für 4 Personen

Für 12 Kräuterküchle:

400 ml Gemüsebrühe
200 g Dinkelschrot
4 EL kalt gepresstes Sonnenblumenöl, plus etwas mehr zum Bestreichen
2 Zwiebeln
1 Knoblauchzehe
je 1 Bund Petersilie, Oregano, Kerbel und Borretsch
2 TL edelsüßes Paprikapulver
½–1 TL Sambal Oelek
2 Eier (vegan: Natura Ei-Ersatz)
Salz und Pfeffer aus der Mühle

Für den Salat:

1 kg Bamberger Hörnla
2–3 TL Gemüsebrühpulver (s. S. 127)
100 ml kalt gepresstes Sonnenblumenöl
200 g Schmand (vegan: Soyananda Sauerrahm)
50 ml weißer Balsamicoessig
Salz und Pfeffer aus der Mühle
3–4 Schalotten
1 Bund Radieschen
1 kleine Salatgurke
Schnittlauchröllchen zum Bestreuen

Für die Kräuterküchle die **Gemüsebrühe** aufkochen, den **Dinkelschrot** einrühren und zugedeckt 30 Minuten quellen lassen. Den Backofen auf 200 °C (Ober-/Unterhitze) vorheizen. Das **Öl** in einer Pfanne erhitzen. **Zwiebeln** und **Knoblauch** schälen, fein würfeln und im heißen Öl anbraten. Die **Kräuter** waschen und trocken schütteln, die Blätter abzupfen und fein hacken. Zwiebeln, Knoblauch, Kräuter, **Gewürze, Sambal Oelek** und **Eier** mit dem Dinkelbrei gründlich verkneten. Mit **Salz** und **Pfeffer** abschmecken.
Mit angefeuchteten Händen 12 Küchle formen, auf ein mit Backpapier ausgelegtes Backblech setzen und dünn mit Öl bestreichen. Auf mittlerer Ebene in den heißen Ofen schieben und die Küchle 10–15 Minuten hell backen. Mit der Backschaufel wenden, nochmals mit Öl bestreichen und weitere 15 Minuten backen.
Für den Salat die **Bamberger Hörnla** unter fließendem Wasser abbürsten und die **Gemüsebrühe** anrühren. Die Kartoffeln in einem Topf knapp mit der Brühe bedecken und etwa 20 Minuten garen. Inzwischen **Öl, Schmand** und **Balsamico** in einer Schüssel verrühren. Mit **Salz** und **Pfeffer** pikant abschmecken. Die **Schalotten** schälen, klein würfeln und in die Sauce rühren. **Radieschen** und **Gurke** putzen, waschen, in dünne Scheiben schneiden und leicht salzen. Die gegarten Hörnla abgießen, pellen, in nicht zu dünne Scheiben schneiden und in die Sauce geben. Sobald die Hörnla die Sauce aufgesogen haben, Radieschen und Gurken untermischen. Erneut mit Salz und Pfeffer abschmecken. Den Salat mit den Kräuterküchle auf vier Teller anrichten, den **Schnittlauch** darüberstreuen und zimmerwarm servieren.

Romanesco mit Gelbe-Rüben-Fladen

Für 4 Personen

Für das Romanesco-Gemüse:
1 Kopf Romanesco
40 g Butter (vegan: Alsan Bio)
4 Schalotten
2 Knoblauchzehen
frisch geriebene Muskatnuss
Salz und Pfeffer aus der Mühle
100 ml Gemüsebrühe, plus mehr bei Bedarf

Für 12 Gelbe-Rüben-Fladen:
300 g Karotten
3 getrocknete Tomaten in Öl
50 g Kräuterfeta (vegan: No-Muh Kräuterkäse, zerkrümelt und in Olivenöl, Kräutersalz, Essig und Pfeffer eingelegt)
3 EL Petersilie
1 kleine Gemüsezwiebel
1 Knoblauchzehe
2 EL kalt gepresstes Sonnenblumenöl, plus etwas mehr zum Bestreichen
2 Eier (vegan: Natura Ei-Ersatz)
3 EL Hirseflocken
2 TL edelsüßes Paprikapulver
1 Msp. Cayennepfeffer
3 EL Kichererbsenmehl, alternativ Speisestärke
Kräutersalz, Pfeffer

Für das Gemüse den **Romanesco** waschen und in Röschen zerteilen. Die **Butter** erhitzen. Die **Schalotten** schälen, in schmale Spalten schneiden und in der Butter andünsten. Den **Knoblauch** schälen, in feine Scheiben schneiden und zu den Schalotten geben. Die Romanesco-Röschen hinzufügen, mit **Muskatnuss**, **Salz** und **Pfeffer** würzen und die **Brühe** angießen. Etwa 10 Minuten lang köcheln lassen, bei Bedarf etwas Brühe nachgießen. Der Romanesco soll knackig bleiben, da er sonst an Aroma verliert. Mit Salz und Pfeffer abschmecken.

Für die Gelbe-Rüben-Fladen den Backofen auf 200 °C (Ober-/Unterhitze) vorheizen. Die **Karotten** putzen, schälen und grob raspeln. Die **getrockneten Tomaten** in kleine Würfel schneiden. Den **Feta** zerkrümeln. Die **Petersilie** waschen und trocken schütteln, anschließend klein hacken. Karotten, Tomaten, Feta und Petersilie vermischen. **Zwiebel** und **Knoblauch** schälen und klein würfeln. Das **Öl** erhitzen. Zwiebel und Knoblauch darin goldgelb braten und zum Gemüse geben. **Eier**, **Hirseflocken** und **Gewürze** untermengen und mit **Kichererbsenmehl** zu einem formbaren Teig verkneten. Mit **Salz** und **Pfeffer** pikant abschmecken. Mit einem feuchten Esslöffel kleine Häufchen auf ein mit Backpapier ausgelegtes Backblech setzen, flach drücken und mit Öl bestreichen. Auf mittlerer Ebene in den heißen Ofen schieben und die Fladen ca. 10 Minuten hell backen. Mit der Backschaufel wenden, nochmals mit Öl bestreichen und weitere 10 Minuten backen.

Das Romanesco-Gemüse auf vier Teller anrichten, je 3 Gelbe-Rüben-Fladen noch heiß dazulegen und servieren.

Butterspargel mit neuen Backkartoffeln und Lupinenpuffern

Für 4 Personen

Für den Spargel:
1 ½ kg weißer Spargel
Meersalz
1 TL Zucker (nach Belieben)
120 g Butter (vegan: Alsan Bio)
Pfeffer aus der Mühle
Schnittlauchröllchen zum Servieren

Für die Backkartoffeln:
8 mittelgroße, mehlig kochende neue Kartoffeln
2–3 EL Öl zum Bestreichen
Meersalz
Pfeffer aus der Mühle

Für 4 Lupinenpuffer:
30 g Süßlupinenmehl
100 g Dinkelmehl
¼ TL Delikata Gewürzmischung (aus dem Bioladen)
2 TL Kräuter der Provence
100 ml Gemüsebrühe
2 EL kalt gepresstes Sonnenblumenöl, plus etwas mehr zum Ausbacken
1 Schalotte
1 Ei (vegan: Natura Ei-Ersatz)

Den **Spargel** waschen und schälen, eventuell holzige Enden abschneiden. Die Spargelstängel in einem ausreichend großen Topf knapp mit **Salzwasser** bedecken und zum Kochen bringen. Nach Belieben **Zucker** hinzufügen. Abhängig von der Dicke der Stängel den Spargel 20–30 Minuten köcheln. Die **Butter** nebenbei in einem kleinen Topf zerlassen. Zur Garprobe einen Spargel auf eine Gabel legen. Wenn er sich sanft biegt, ist er gar.
Für die Backkartoffeln den Backofen auf 180 °C (Umluft) vorheizen. Die **Kartoffeln** unter fließendem Wasser gründlich abbürsten und der Länge nach halbieren.
Die Schnittseiten mit **Öl** bestreichen und mit **Salz** und **Pfeffer** bestreuen. Mit der Schnittseite nach unten auf ein mit Backpapier ausgelegtes Backblech legen und auf mittlerer Ebene in den heißen Ofen schieben.
Je nach Größe der Kartoffeln beträgt die Backzeit 20–30 Minuten. Die Kartoffeln können vorbereitet werden und sollten zur gleichen Zeit gebacken werden wie der Spargel gekocht, damit beides gleichzeitig fertig ist.
Inzwischen für die Lupinenpuffer **Süßlupinen**- und **Dinkelmehl** mit **Delikata** und **Kräutern der Provence** vermischen. Die **Gemüsebrühe** aufkochen und unter die Mehlmischung geben, dabei so lange weiterrühren, bis ein fester Teig entsteht. Das **Öl** in einer Pfanne erhitzen, die **Schalotte** schälen, fein würfeln und darin anbraten. Schalotte und **Ei** unter den Teig kneten und 4 Puffer daraus formen. Die Puffer in der Pfanne in etwas Öl bei mittlerer Hitze von beiden Seiten leicht bräunen.
Den Spargel auf vier Teller verteilen und mit **Pfeffer** bestäuben. Die geschmolzene Butter darübergießen und mit **Schnittlauchröllchen** bestreuen. Backkartoffeln und Lupinenpuffer dazulegen und sofort servieren.

Mangold-Mozzarella-Cannelloni in Paprikasauce

Für 4 Personen

Für die Cannelloni:
700 g Mangold
Meersalz
200 g Mozzarella (vegan: Pural Vegi-Cheezly Mozzarella Style)
¼ TL Picata-Gewürz
16 Cannelloni

Für die Paprikasauce:
2–3 EL extra natives Olivenöl
3 Schalotten
2 Knoblauchzehen
4 rote Paprikaschoten
2 TL edelsüßes Paprikapulver
2 TL Paprikapaste
½ TL Sambal Oelek
1 TL Honig (vegan: Agavendicksaft)
1 Zweig Thymian
1 Stängel Oregano
500 ml Gemüsebrühe
50 ml Weißwein
200 g mehlig kochende Kartoffeln
Meersalz
Pfeffer aus der Mühle

Außerdem:
Auflaufform (20 x 25 cm)

Für die Cannelloni die **Mangoldblätter** waschen und von den Stielen trennen. Die Blätter in feine Streifen schneiden und 2 Minuten in kochendem Wasser blanchieren, dann in Eiswasser abschrecken und ausdrücken. Den feuchten Mangold in etwas **Salzwasser** 10 Minuten abgedeckt köcheln, anschließend abgießen. Den **Mozzarella** reiben und die Hälfte davon unter den Mangold rühren. Die Füllung mit Salz und **Picata** abschmecken. Die **Cannelloni** unter Zuhilfenahme eines langen Dessertlöffels mit der Mangold-Mozzarella-Mischung füllen, dann nebeneinander in eine passende Auflaufform legen.

Für die Paprikasauce das **Öl** in einem Topf erhitzen. **Schalotten** und **Knoblauch** schälen, fein würfeln und im heißen Öl goldgelb anbraten. Die **Paprikaschoten** waschen, halbieren und putzen. Die Hälften fein würfeln und mitbraten. Mit **Paprikapulver** bestäuben, dann **Paprikapaste**, **Sambal Oelek** und **Honig** unterrühren. Die **Kräuter** waschen und trocken schütteln. Die Blättchen abzupfen und zum Gemüse geben. Mit **Gemüsebrühe** und **Weißwein** ablöschen. Die **Kartoffeln** schälen und über dem Topf grob raspeln. Die Sauce gut umrühren und bei niedriger Temperatur etwa 10 Minuten bei geschlossenem Deckel köcheln lassen. Anschließend pürieren und mit **Salz** und **Pfeffer** abschmecken.

Den Backofen auf 180 °C (Umluft) vorheizen. Die Paprikasauce über die Cannelloni gießen. Den restlichen Mozzarella darüberstreuen. Die Auflaufform auf der mittleren Schiene in den Ofen schieben und die Cannelloni etwa 30 Minuten überbacken.

Frittierte Zucchinifilets mit Bohnenmus

Für 4 Personen

Für die Zucchinifilets:

3 dicke Zucchini
Meersalz
Pfeffer aus der Mühle
Olivenöl zum Bestreichen

Für das Bohnenmus:

1 ¼ l Gemüsebrühe
400 g weiße Bohnen (über Nacht in Wasser eingeweicht)
2 Lorbeerblätter
4 EL extra natives Olivenöl
2 Schalotten
2 Knoblauchzehen
2 TL gemahlener Koriander
1 TL gemahlener Kreuzkümmel (Cumin)
½ TL Chilipulver
Meersalz
weißer Pfeffer aus der Mühle
Petersilienblättchen zum Servieren

Die **Zucchini** waschen, der Länge nach in 1–1 ½ cm dicke Scheiben schneiden, leicht mit **Salz** und **Pfeffer** bestreuen und etwa 20 Minuten ziehen lassen. Den Backofengrill auf 250 °C einschalten. Die Filets mit etwas **Öl** bestreichen, nebeneinander auf ein mit Backpapier ausgelegtes Backblech legen und unter dem Backofengrill von beiden Seiten leicht bräunen.
Für das Bohnenmus die **Brühe** aufkochen, die abgetropften **Bohnen** mit den **Lorbeerblättern** zugeben und abgedeckt etwa 1 Stunde weich kochen. Anschließend überschüssige Brühe in eine Schüssel abgießen.
Das **Öl** in einer Pfanne erhitzen. **Schalotten** und **Knoblauch** schälen, fein hacken und im heißen Öl glasig dünsten. Bohnen und **Gewürze** hinzufügen und unter Rühren mitbraten. Die Bohnen dabei mit einer Gabel zerdrücken, damit die Flussigkeit verdampfen kann. Die Bohnen weiter braten, dabei immer wieder mit der aufgefangenen Brühe aufgießen und eindicken lassen, bis die gesamte Brühe verbraucht ist. Das Mus mit **Salz** und **Pfeffer** abschmecken.
Die Zucchinifilets auf vorgewärmte Teller anrichten, das Bohnenmus an die Filets geben und mit **Petersilienblättchen** bestreut servieren.

Tipp: Die Zucchini können auch durch Auberginen ersetzt werden.

Frühlingsgemüse-Allerlei aus dem Wok mit Spaghettini

Für 4 Personen

150 g Frühlingszwiebeln
300 g Romanesco
2 mittelgroße Karotten
je 1 rote und grüne Paprikaschote
3 Baby-Maiskolben
150 g Shiitakepilze
1 Bund Koriandergrün
4 EL kalt gepresstes Sesamöl
2 Knoblauchzehen
1 walnussgroßes Stück frischer Ingwer
100 g frische grüne Erbsen
100 g Sojasprossen
2 EL Sonnenblumenkerne
3–4 EL Sojasauce Bio Tamari
2 TL Honig (vegan: Reissirup)
320 g Spaghettini

Das Gemüse putzen, waschen und bei Bedarf schälen. Die **Zwiebeln** in feine Ringe schneiden, den **Romanesco** in Röschen zerteilen, **Karotten** und **Paprikaschoten** in Streifen und die **Maiskolben** in Scheiben schneiden. Die **Pilze** mit einer feinen Bürste säubern und die Stielenden abschneiden. Das **Koriandergrün** waschen, trocken schütteln und die Blätter abzupfen. Das **Öl** in einem Wok erhitzen. **Knoblauch** und **Ingwer** schälen, fein würfeln und 2–3 Minuten im heißen Öl anbraten.
Das vorbereitete Gemüse in den Wok geben und etwa 2 Minuten mitbraten. Dann **Erbsen**, **Sojasprossen** und **Sonnenblumenkerne** dazugeben und unter ständigem Rühren 3–4 Minuten weiterbraten. Die **Sojasauce** mit **Honig** verquirlen und unter weiterem Rühren über das Gemüse gießen. Etwa 5 Minuten lang abgedeckt köcheln lassen. Nebenbei die **Spaghettini** nach Packungsanweisung bissfest garen, dann abtropfen lassen und unter das Gemüse mischen. Die Hitze reduzieren und abgedeckt nochmals 10 Minuten lang ziehen lassen. Das Frühlingsgemüse mit den Nudeln auf vier Teller anrichten und servieren.

Tipp: Wer keinen Wok zu Hause hat, kann genauso gut eine schwere tiefe Pfanne verwenden.

Frühlingsspinat mit Farfalle und Gorgonzola

Für 4 Personen

800 g Frühlingsspinat (Babyspinat)
2 Zwiebeln
1 Knoblauchzehe
1 walnussgroßes Stück frischer Ingwer
2 EL kalt gepresstes Sonnenblumenöl
100 ml Gemüsebrühe
200 ml ungesüßte Kokosmilch
2 EL Mandelmus
Meersalz
Pfeffer aus der Mühle
320 g Farfalle
100 g Gorgonzola (vegan: Vegourmet Jeezini Blue)
3 EL geriebener Parmesan (vegan: Jeezano Streukäse)

Den **Frühlingsspinat** waschen und trocken schleudern. Die Stiele abzupfen. **Zwiebeln**, **Knoblauch** und **Ingwer** schälen und fein würfeln. In einem großen Topf das **Öl** erhitzen und die Würfel darin 2 Minuten dünsten. Mit der **Gemüsebrühe** aufgießen, den Spinat hineingeben und bei geschlossenem Topf 2–3 Minuten zusammenfallen lassen. Die **Kokosmilch** mit dem **Mandelmus** verrühren, zum Spinat gießen und kurz aufkochen. Die Spinatsauce mit **Salz** und **Pfeffer** würzen. Nebenbei die **Farfalle** in reichlich Salzwasser nach Packungsanweisung bissfest garen, anschließend abgießen. Die Nudeln in eine Schüssel geben, mit der Spinatsauce mischen und warm stellen.
Den **Gorgonzola** mit der Gabel zerdrücken, mit **Parmesan** verkneten und Kugeln mit etwa 1 ½ cm Durchmesser formen. Die Spinatnudeln auf vier Teller verteilen, die Kugeln darangeben und servieren.

Kohlrabi-Fritten mit Tomatengemüse

Für 4 Personen

Für die Kohlrabi-Fritten:
4 Kohlrabi
Sonnenblumenöl zum Bestreichen
Salz

Für das Tomatengemüse:
800 g feste rote Strauchtomaten
2 EL extra natives Olivenöl
1 Gemüsezwiebel
1 Chilischote
2 Karotten
1 Knoblauchzehe
1 EL Honig (vegan: Ahornsirup)
2 EL Tomatenketchup
½ TL gemahlener Zimt
1 EL edelsüßes Paprikapulver
1–2 TL Gemüsebrühpulver
(s. S. 127)
1 Bund Petersilie
4 Zweige Thymian
2 Stängel Oregano
Kräutersalz
Pfeffer aus der Mühle
Basilikumblättchen zum Servieren

Für die Kohlrabi-Fritten den Backofen (die Fritteuse ist nicht geeignet) auf 180 °C (Umluft plus Grill) vorheizen. Die **Kohlrabis** schälen und zuerst in 1 cm dicke Scheiben, dann in 1 cm breite Stifte schneiden. Die Stücke nebeneinander auf ein mit Backpapier ausgelegtes Backblech legen, sparsam mit **Öl** einpinseln und leicht **salzen**. Auf oberster Schiene einschieben und 10–15 Minuten grillen, bis die Fritten Farbe bekommen.

Für das Tomatengemüse die **Tomaten** waschen und vierteln, dabei die Stielansätze entfernen. Das **Öl** in einer Pfanne erhitzen. Die **Zwiebel** schälen und in kleine Würfel schneiden. Die **Chilischote** waschen, putzen, entkernen und klein schneiden. Beides im heißen Öl anbraten. Die **Karotten** putzen, unter fließendem Wasser abbürsten und fein raspeln. Sobald die Zwiebel Farbe angenommen hat, die Karotten hinzufügen und unter Rühren mitbraten. Den **Knoblauch** schälen, klein hacken und dazugeben. **Honig**, **Ketchup**, **Gewürze** und **Gemüsebrühpulver** in die Pfanne rühren und mit 125 ml Wasser ablöschen. Die **Kräuter** waschen und trocken schütteln, Blättchen und weichere Stängel abzupfen und klein hacken, dann in die Pfanne geben und gut verrühren. Mit **Salz** und **Pfeffer** abschmecken und kurz aufkochen. Die vorbereiteten Tomatenviertel unter die Sauce heben. Den Deckel schließen, die Hitze reduzieren und das Gemüse nur etwa 5–10 Minuten simmern lassen, damit die Tomaten nicht zerfallen.

Das Tomatengemüse mit den **Basilikumblättchen** garnieren und zu den Kohlrabi-Fritten servieren.

Fenchelgemüse mit karamellisierten Zwiebeln

Für 4 Personen

240 g Basmatireis

Für das Fenchelgemüse:
2 Fenchelknollen
2 Zwiebeln
1 Knoblauchzehe
2 EL extra natives Olivenöl
1 EL Fenchelsamen
Salz und Pfeffer aus der Mühle
1 EL weißer Balsamicoessig
3 EL Sojasauce Bio Tamari
200 g Sahne (vegan: Hafersahne)

Für die karamellisierten Zwiebeln:
50 g Butter (vegan: Alsan Bio)
8 rote Zwiebeln
3 EL Zucker
1 Prise Meersalz
1 EL Honig (vegan: Ahornsirup)
100 ml Weißwein
50 g kalte Butter (vegan: Alsan Bio)

Den **Basmatireis** nach Packungsanweisung zubereiten.
Für das Fenchelgemüse die **Fenchelknollen** waschen, halbieren und den Strunk keilförmig herausschneiden. Das Fenchelgrün beiseitelegen und die Knollen in feine Streifen schneiden. **Zwiebeln** und **Knoblauch** schälen und klein würfeln. Das **Öl** erhitzen und die Würfel darin goldgelb anbraten. **Fenchelsamen** und -streifen zugeben, mit **Salz**, **Pfeffer** und **Balsamico** würzen und 5 Minuten mitbraten. Anschließend **Sojasauce** und **Sahne** unterrühren, nochmals erhitzen und das Fenchelgemüse warm stellen.
Für die karamellisierten Zwiebeln die **Butter** in einer Pfanne stark erhitzen. Die **Zwiebeln** schälen, der Länge nach vierteln und in der schäumenden Butter schwenken. Anschließend mit **Zucker** und **Salz** bestreuen und weiterschwenken, bis der Zucker anfängt zu karamellisieren. Den **Honig** dazugeben, gut durchmischen und mit etwa einem Viertel vom **Weißwein** ablöschen. Vollständig einkochen lassen, bis die Zwiebeln wieder karamellisieren. So weiter verfahren, bis der Wein aufgebraucht ist, dann den Herd ausschalten und die **kalte Butter** hinzufügen. Weiterschwenken, bis die Zwiebeln vollständig von glänzendem Karamell umhüllt sind.
Die karamellisierten Zwiebeln unter das Fenchelgemüse heben und mit dem Basmatireis servieren.

Erdbeerkaltschale mit Holunderblütenguss

Für 4 Personen

10 Holunderblütendolden
750 ml Apfelsaft
5 EL Blütenhonig (vegan: Apfeldicksaft)
5 g Agar-Agar
200 g Amarettini (vegan: VeggieSweets Kekse)
800 g Erdbeeren
200 g Sahne (vegan: Dinkelsahne plus Sahnesteif)
Holunderblüten zum Servieren

Außerdem:
Spritzbeutel

Die **Holunderblütendolden** putzen, kurz durch eine Schüssel mit kaltem Wasser ziehen und trocken schütteln. Die Stiele abschneiden und die Dolden in eine Schüssel legen. Den **Apfelsaft** in einem Topf erhitzen, gleich wieder abkühlen lassen und den **Honig** in den noch warmen Saft rühren. Über den Holunder gießen, die Schüssel abdecken und an einem kühlen Ort 3 Tage lang ziehen lassen. (Der Holunder saugt dabei etwa 1/3 der Flüssigkeit auf.)
Den Holunderblütensud durch ein Sieb in einen Topf gießen. **Agar-Agar** mit dem Schneebesen in den Sud rühren, einen Guss kochen und abkühlen lassen. Die **Amarettini** grob zerbröseln und auf vier Dessertgläser verteilen. Die **Erdbeeren** waschen, Blütenansätze entfernen und die Beeren halbieren. Die Hälften mit der Schnittseite nach unten auf die Amarettinibrösel schichten. Sobald der Guss einzudicken beginnt, diesen über die Erdbeeren gießen und die Gläser kalt stellen. Die **Sahne** aufschlagen und mit der Dekospritze kleine Häubchen auf den erstarrten Guss setzen. Mit **Holunderblüten** garnieren und servieren.

Tipp: Anstatt des aufwendigen Holunderblütensuds kann auch 200 ml Holunderblütensirup gemischt mit 300 ml Apfelsaft für den Guss verwendet werden.

Erdbeer-Kokosmilch-Cocktail

Für 4 Personen

400 g Erdbeeren
2 Bananen
50 g Ingwernüsse in Sirup (aus dem Glas)
300 ml Kokosmilch
2 EL Honig (vegan: Ahornsirup), plus mehr nach Belieben

Die **Erdbeeren** waschen und die Blütenansätze entfernen. Die **Bananen** schälen. Das Obst klein schneiden. Die **Ingwernüsse** aus dem Sirup nehmen und klein würfeln. Die **Kokosmilch** in einen hohen Becher gießen. Obst, Ingwernüsse, 1 EL Ingwersirup und **Honig** hinzugeben und fein pürieren. Mit Honig und Ingwersirup abschmecken und die Mischung auf Limonadengläser verteilen. Den Cocktail nach Belieben im Kühlschrank eine halbe Stunde kühlen und dann servieren.

Rhabarberkompott mit Ingwersirup

Für 4 Personen

750 g rote Rhabarberstangen
3–4 Ingwernüsse in Sirup (aus dem Glas)
100 g Zucker
1 Bio-Zitrone
125 g Dinkel-Ingwer-Waffeln, z. B. von Pural
Zitronenminze zum Servieren

Den **Rhabarber** putzen, waschen und die hartfaserigen Fäden von unten her abziehen. Die Stangen in 1–2 cm lange Stücke schneiden. Die **Ingwernüsse** über einer Schüssel durch ein Sieb abgießen und in kleine Würfel schneiden. Den aufgefangenen Ingwersirup mit 200 ml Wasser und dem **Zucker** verrühren.
Das Zuckerwasser in einen großflächigen Topf geben und aufkochen. Die **Zitrone** heiß waschen, abtrocknen und die Schale abreiben, dann 2 TL davon in das Zuckerwasser einrühren. Ingwerwürfel und Rhabarberstücke hinzufügen und etwa 5 Minuten köcheln lassen. Die Stücke sollen weich sein, aber nicht zerfallen. Anschließend Rhabarber und Ingwer mithilfe einer Schaumkelle aus dem Topf nehmen und auf Kompottschalen verteilen.
Nach dem Abkühlen die **Waffeln** darüber zerbröseln. Den Sud erst nach völligem Auskühlen darübergießen. Das Kompott mit **Zitronenminze** garnieren und servieren.

SOMMER
SOMMER

Grüne Suppe mit Gänseblümchen und Butterkäse-Croutons

Für 4 Personen

Für die Croutons:

50–70 g Butterkäse (vegan: Veggie Grattugiato)
50 g weiche Butter (vegan: Alsan Bio)
1 TL getrockneter Kerbel
3 Scheiben Vollkorntoast

Für die Suppe:

2 Lorbeerblätter
8 Pfefferkörner
6 Kardamomkapseln
1 l Gemüsebrühe
60 g Butter (vegan: Alsan Bio)
1 Zwiebel
500 g Babyspinat und Mangold, gemischt
2 EL Kräuterpulver (s. S. 127)
4 TL Schmand (vegan: Soyananda Sauerrahm)
1 TL Honig (vegan: Apfeldicksaft)
Kräutersalz, Cayennepfeffer
1 Handvoll Gänseblümchenblüten zum Servieren
roter Pfeffer zum Bestäuben

Außerdem:

Tee-Ei

Für die Croutons den Backofen auf 190 °C (Umluft) vorheizen. **Butterkäse** und **Butter** zerdrücken, mit dem **Kerbel** vermischen und die **Toastbrote** damit bestreichen. Die Brote auf ein mit Backpapier ausgelegtes Backblech legen und etwa 10 Minuten im Ofen überbacken, bis die Käsebutter leicht bräunt. Nach dem Abkühlen die Toasts diagonal vierteln.

Für die Suppe die **Gewürze** in ein Tee-Ei geben. Die **Gemüsebrühe** aufkochen, die Gewürze hineingeben und 15 Minuten zugedeckt köcheln lassen. In der Zwischenzeit die **Butter** in einem großen Topf erhitzen. Die **Zwiebel** schälen, klein würfeln und in der Butter goldgelb anbraten. Das **Gemüse** waschen und grob zupfen. Das Tee-Ei aus der Brühe nehmen und die Brühe zur Zwiebel gießen. Spinat, Mangold und das Kräuterpulver hinzufügen und nochmals aufkochen. Etwa 2 Minuten köcheln, dann den **Schmand** unterrühren und 10 Minuten ziehen lassen. Mit **Honig**, **Salz** und **Pfeffer** abschmecken. Die Suppe pürieren, durch ein Sieb streichen und auf vier vorgewärmte Teller verteilen.

Zum Schluss die Suppe mit **Gänseblümchenblüten** garnieren und **roten Pfeffer** darüberstäuben. Die grüne Suppe mit den Butterkäse-Croutons servieren.

Karottensuppe mit Kokosmilch und Zimt

Für 4 Personen

500 g junge Karotten
1 walnussgroßes Stück frischer Ingwer
50 g Butter (vegan: Alsan Bio)
1 TL gemahlene Kurkuma
800 ml Gemüsebrühe
1–2 EL Honig (vegan: Agavendicksaft)
Salz und Pfeffer aus der Mühle
150 ml ungesüßte Kokosmilch
gemahlener Zimt zum Bestäuben

Karotten und **Ingwer** putzen und bei Bedarf schälen. Die Karotten in Scheiben schneiden, den Ingwer fein würfeln. Die **Butter** erhitzen und beides darin anbraten, dabei mit **Kurkuma** bestreuen. Die **Brühe** angießen und bei mittlerer Hitze etwa 10 Minuten köcheln lassen. 1 EL **Honig** unterrühren und mit Honig, **Salz** und **Pfeffer** abschmecken.
12 Karottenscheiben aus der Brühe nehmen und auf vier Suppenteller verteilen. Den Rest zur Suppe pürieren. Die **Kokosmilch** erhitzen und mit dem Pürierstab aufschäumen. Die Suppe auf die Teller schöpfen, den Kokosmilchschaum darauf verteilen und etwas **Zimt** darüberstäuben.

Mediterraner Gemüsesalat

Für 4 Personen

8 rote Zwiebeln
1–2 Knoblauchzehen
8 EL extra natives Olivenöl
4 EL Balsamicoessig
Salz und Pfeffer aus der Mühle
250 g Zucchini
2 gelbe Paprikaschoten
6 Eiertomaten
200 g Mozzarella (vegan: Tofutti Mozzarella)
je 4 Stängel Oregano und Basilikum
8 Bio-Kalamata-Oliven (aus dem Glas)
2 EL Pinienkerne zum Servieren

Die **Zwiebeln** schälen und in Ringe schneiden. Den **Knoblauch** schälen und würfeln. Das **Öl** in einer Pfanne erhitzen und Zwiebeln und Knoblauch darin kurz anbraten. Mit **Balsamico** zu einer Marinade verrühren, gut **salzen** und **pfeffern**, dann beiseitestellen. Die **Zucchini** waschen, putzen und in 1 cm dicke Scheiben schneiden. Die **Paprikaschoten** waschen, vierteln, putzen und in große Würfel schneiden. Die **Tomaten** waschen und der Länge nach vierteln, dabei den Stielansatz entfernen. Den **Mozzarella** in Scheiben schneiden. **Oregano** und **Basilikum** waschen, trocken schütteln und die Blätter abstreifen. Zucchini, Paprika, Tomaten, Mozzarella, Oregano und **Oliven** in einer großen Schüssel mit der Marinade vermischen. Das Basilikum grob zupfen und untermischen.
Den Salat auf vier Teller anrichten, mit **Pinienkernen** bestreuen und servieren.

Artischocken-Tomaten-Risotto

Für 4 Personen

1 Zitrone
8 junge Artischocken
1 TL Salz
8 kleine feste Buschtomaten
6 Zweige Thymian
2 Schalotten
1 Knoblauchzehe
3 EL extra natives Olivenöl
300 g Risottoreis
1 l Gemüsebrühe
Salz und Pfeffer aus der Mühle
80 g Pinienkerne
4 EL Parmesanspäne (vegan: Veggie Grattugiato) zum Servieren

Die **Zitrone** auspressen. In einem Topf kaltes Wasser mit dcm Zitronensaft mischen. Die **Artischocken** waschen und putzen. Dabei die Stiele mit einer kräftigen Drehung herausreißen, damit sich die zähen Fasern aus den Artischockenböden lösen. Die äußeren harten und dunkleren Blätter entfernen, bis die helle Knospe übrig bleibt, diese dann kurz ins Zitronenwasser tauchen. Die Artischocken halbieren, das ungenießbare, sogenannte Heu (falls durch das Herausreißen der Stiele nicht bereits mit entfernt) herauslösen und die Knospen sofort zurück ins Zitronenwasser legen. **Salz** hinzufügen und etwa 20 Minuten abgedeckt kochen. Die **Tomaten** waschen und halbieren, dabei den Stielansatz entfernen. Den **Thymian** waschen und trocken schütteln. **Schalotten** und **Knoblauch** schälen und in feine Streifen schneiden. Das **Öl** in einer großflächigen Pfanne erhitzen und Schalotten und Knoblauch darin glasig schwitzen. Den **Reis** hinzufügen und 2–3 Minuten unter Rühren mitbraten. Dann die **Gemüsebrühe** angießen, Tomatenhälften und zwei der Thymianzweige dazugeben. 10 Minuten kochen, dann die Zweige entfernen und den Risotto mit **Salz** und **Pfeffer** abschmecken. Die gegarten Artischocken aus dem Topf nehmen und unter den Reis mischen. Die **Pinienkerne** in einer Pfanne ohne Fett rösten, bis sie duften.
Den Risotto mit **Parmesan**, den restlichen Thymianzweigen und den Pinienkernen bestreuen und in der heißen Pfanne servieren.

Lasagne rustikal

»Lasagne« leitet sich von dem griechischen Wort »lasanon« ab, das einen Rost für Töpfe bezeichnet. Im alten Rom benannte man damit den Topf, in dem das Gericht zubereitet wurde, welches heute als »Lasagne« bekannt ist.

Für 4–6 Personen

1 ½–2 l Gemüsebrühe
200 g Lasagneplatten
6 große rote Spitzpaprika
je 250 g Knollensellerie, Karotten und Zucchini
1 Bund Basilikum
200 g Mozzarella (vegan: Tofutti Mozzarella)
4 Tomaten
1 Rezept Basilikumpesto (s. S. 128)
100 g Ricotta (vegan: Green Heart Frischecreme)
Meersalz
½–1 TL Chilipulver
50 g geriebener Parmesan (vegan: Veggie Grattugiato)
80 g Schmand (vegan: Soyananda Sauerrahm)

Außerdem:
Auflaufform (20 x 25 cm)
Fett für die Form

Die **Gemüsebrühe** aufkochen, nacheinander jeweils 3–4 **Lasagneplatten** für 3 Minuten hineingeben, dann in Eiswasser abschrecken. Alle Gemüse putzen und waschen. Die **Spitzpaprika** der Länge nach vierteln, **Sellerie**, **Karotten** und **Zucchini** in schmale Scheiben schneiden. Das Gemüse ca. 8 Minuten in der Brühe köcheln. Das **Basilikum** waschen und trocken schleudern, die Blättchen abzupfen und klein hacken. Den **Mozzarella** in dünne Scheiben schneiden. Die **Tomaten** waschen und in Scheiben schneiden, dabei den Stielansatz entfernen. Die Auflaufform fetten. Eine Lage Lasagneplatten in die Form legen und nicht zu dünn mit **Basilikumpesto** bestreichen. Die Hälfte des Karotten- und Selleriegemüses darauf verteilen und mit Zucchinischeiben bedecken. Etwas **Ricotta** darüberstreichen, mit **Salz** und **Chilipulver** würzen und mit Basilikum bestreuen. Mit Lasagneplatten abdecken und mit der Hälfte der Tomatenscheiben belegen. Darüber die Hälfte der Paprika, dann die Hälfte der Mozzarellascheiben verteilen. Leicht mit Salz und Basilikum bestreuen und mit Lasagneplatten bedecken. Diese Abfolge der zweierlei Gemüseschichten wiederholen, sodass 4 Schichten entstehen. Die letzte Schicht mit Lasagneplatten abschließen.
Den Backofen auf 180 °C (Umluft) vorheizen.
Parmesan und **Schmand** verrühren und auf die obersten Platten streichen. Am Rand der Form etwas Gemüsebrühe eingießen, bis der Boden etwa 5 mm hoch mit Gemüsebrühe bedeckt ist. Auf der untersten Schiene in den Ofen schieben und 40 Minuten backen. Falls die Oberfläche zu dunkel wird, die Form mit Backpapier bedecken. Mit einem Blattsalat als Beilage servieren.

Brokkoli-Karotten-Spaghetti mit Kräuterpesto

Für 4 Personen

Für das Kräuterpesto:
60 g blanchierte Mandeln
100 g Parmesan (vegan: Veggie Grattugiato)
4 Knoblauchzehen
je 1 Bund Kerbel, Liebstöckel, Petersilie und Basilikum
150 ml extra natives Olivenöl
Salz und Pfeffer aus der Mühle
1 Fleischtomate zum Servieren

Für die Spaghetti:
300 g Brokkoli
Meersalz
300 g Karotten
1 Bio-Zitrone
60 g Butter (vegan: Alsan Bio)
Pfeffer aus der Mühle
350 ml Gemüsebrühe
320 g Spaghetti
1 EL Olivenöl zum Vermischen
1 grüne Chilischote
9 Kirschtomaten
junge Borretschblättchen, alternativ Oregano, zum Servieren
Borretschblüten (nach Belieben)

Für das Kräuterpesto die **Mandeln** in einer Pfanne ohne Fett rösten, bis sie duften. Den **Käse** reiben, den **Knoblauch** schälen und klein hacken. Die **Kräuter** waschen, locker in ein Tuch rollen und trocken schleudern. Blättchen und zarte Stiele abzupfen. Die gerösteten Mandeln fein mahlen und zusammen mit Käse, Knoblauch, Kräutern und **Olivenöl** mit dem Handmixer vermischen. Mit **Salz** und **Pfeffer** abschmecken. Die **Tomate** waschen, halbieren, das Kerngehäuse entfernen und die Hälften mit dem Pesto füllen.

Für die Spaghetti den **Brokkoli** putzen, waschen und in Röschen zerteilen. In kochendem **Salzwasser** 2 Minuten blanchieren, dann in Eiswasser kurz abschrecken und abtropfen lassen. Die **Karotten** schälen und in schräge Scheiben schneiden. Die **Zitrone** heiß waschen, halbieren und 3 EL Saft herauspressen, dann die Schale würfeln.

Die **Butter** in einer Pfanne erhitzen, Brokkoli und Karotten mit Salz und **Pfeffer** würzen und 2 Minuten anbraten. Die **Brühe** angießen, Zitronenwürfel und -saft hinzufügen und alles kurz bei geschlossenem Deckel dünsten.

Die **Chilischote** waschen, entkernen und in Ringe schneiden. Die **Tomaten** waschen, die Stielansätze entfernen. Beides zum Gemüse geben.

Die **Spaghetti** nach Packungsanweisung bissfest garen. Dann abgießen, abtropfen lassen und mit **Olivenöl** mischen.

Die Zitronenwürfel nach Belieben entfernen, dann den Pfanneninhalt mit den Spaghetti vermischen und auf einer vorgewärmten Platte anrichten. Mit **Borretschblättchen** und nach Belieben **-blüten** garnieren und den mit Kräuterpesto gefüllten Tomatenhälften servieren.

Frittiertes Gemüse mit Kräuterremoulade

Für 4 Personen

Für die Remoulade: (alternativ z. B. Vitam Remoulade)
3 hartgekochte Eier
300 g Vollmilchjoghurt
4 EL Joghurt-Mayonnaise
1–2 TL Senf
Salz und Pfeffer aus der Mühle
1–2 TL Honig
1 EL Zitronensaft
150 g Cornichons
½ Bund Schnittlauch
je 4 Stängel Kerbel, Dill und Petersilie
1 EL eingelegter grüner Pfeffer

Für das Gemüse:
500 g Kichererbsenmehl
je 1 TL gemahlene(r) Kurkuma, Koriander, Kreuzkümmel (Cumin), Oregano, Ingwer und Bockshornklee
Kräutersalz
4 Champignons
1 kleiner Blumenkohl
1 kleiner Brokkoli
1 Karotte
1 kleine Zucchini
1 kleiner Kohlrabi
1 Kartoffel
1 l Frittieröl

Für die Remoulade die **Eier** schälen und halbieren. Das Eiweiß klein würfeln. Das Eigelb zerdrücken und mit **Joghurt**, **Mayonnaise** und **Senf** glatt rühren. Mit **Salz**, **Pfeffer**, **Honig** und **Zitronensaft** würzen. Die **Cornichons** klein würfeln. Die **Kräuter** waschen und trocken schütteln. Den Schnittlauch in feine Röllchen schneiden, die übrigen Kräuterblättchen hacken. Eiweiß, Cornichons, Kräuter und **grüne Pfefferkörner** in die Remoulade geben und verrühren.
Für das Gemüse das **Kichererbsenmehl** in einer Schüssel mit den **Gewürzen** mischen. Etwa 300 ml Wasser nach und nach einfließen lassen und mit einem Schneebesen schaumig schlagen. Der Teig sollte leicht vom Schneebesen tropfen, bei Bedarf noch etwas mehr Wasser hinzufügen. Mit **Salz** abschmecken.
Das **Gemüse** putzen, waschen und bei Bedarf schälen. Die Champignons ganz lassen, Blumenkohl und Brokkoli in Röschen teilen und zusammen mit dem übrigen Gemüse in mundgerechte Stücke schneiden. Währenddessen das **Öl** in einer tiefen Pfanne erhitzen. Jeweils 4–6 Gemüsestücke in den Teig tauchen, dann im heißen Öl goldbraun frittieren. Im Ofen warm halten, bis alles ausgebacken ist. Mit der Kräuterremoulade servieren. Dazu schmeckt frisches Baguette.

Zucchinischiffchen mit Kartoffeltalern

Für 4 Personen

Für die Kartoffeltaler:
4–6 schlanke längliche Kartoffeln
Öl zum Bestreichen
Salz und Pfeffer

Für die Zucchini:
2 Zucchini
1 Zitrone
2 EL kalt gepresstes Sonnenblumenöl
2 Schalotten
1 Knoblauchzehe
1 grüne Paprikaschote
2 Kolben Zuckermais
2 TL Kräuterpulver (s. S. 127)
2 EL edelsüßes Paprikapulver
¼–½ TL Sambal Oelek (nach Belieben)
1 Tomate
140 g geriebener Emmentaler (vegan: Tofutti Cheddar)

Außerdem:
Auflaufform (20 x 25 cm)
Fett für die Form

Für die Kartoffeltaler die **Kartoffeln** schälen und in ca. 2 mm dicke Scheiben schneiden. Die Scheiben auf ein mit Backpapier ausgelegtes Backblech legen, leicht mit **Öl** bepinseln und mit **Salz** und **Pfeffer** sparsam bestreuen. Vorerst beiseitestellen.
Für die Schiffchen die **Zucchini** waschen, der Länge nach halbieren und mit einem Teelöffel aushöhlen. Die **Zitrone** halbieren, auspressen und die Zucchini mit etwas Zitronensaft beträufeln. Das Zucchinifruchtfleisch klein hacken und mit dem restlichen Saft vermischen. Die Schiffchen in einem Topf mit wenig Wasser etwa 5 Minuten dünsten.
Das **Öl** erhitzen, **Schalotten** und **Knoblauch** schälen, klein würfeln und im heißen Öl anschwitzen. Das Zucchinifruchtfleisch unterrühren. Die **Paprikaschote** waschen, putzen und in Würfel schneiden. Den **Zuckermais** waschen, putzen und die Körner mit einem scharfen Messer vom Kolben schneiden. Gemüse, **Kräuter-** und **Paprikapulver** sowie nach Belieben **Sambal Oelek** unterrühren. Das Gemüse bei geschlossenem Deckel und niedriger Temperatur etwa 10 Minuten bissfest garen.
Den Backofen auf 180 °C (Umluft) vorheizen. Die **Tomate** waschen und in Streifen schneiden, dabei den Stielansatz entfernen. Die Gemüsemischung in die Zucchinihälften füllen und mit Tomatenstreifen belegen. **Emmentaler** darüberstreuen. Eine Auflaufform fetten, die Zucchini hineinlegen und auf der oberen Schiene, zusammen mit den vorbereiteten Kartoffeltalern auf der mittleren Schiene, 8–10 Minuten goldbraun überbacken.
Je eine Zucchinihälfte, eine Handvoll Kartoffeltaler und etwas Tomatensauce von S. 128 auf vier vorgewärmte Teller anrichten und servieren.

Moussaka mit Lupinenfleisch und Feta

»Mousakás«, das beliebte griechische Gericht, stammt ursprünglich aus dem arabischen Raum. Während der Fastenzeit (Ramadan) kommt es in einer vegetarischen Variante auf den Tisch. Das Gericht ist heute als Moussaka auf der ganzen Welt verbreitet.

— Für 4–6 Personen —

800 g Auberginen
Salz
Zitronensaft zum Beträufeln
400 g Kartoffeln
4 EL extra natives Olivenöl, plus mehr zum Bestreichen
2 große Zwiebeln
2 Knoblauchzehen
1 TL Gemüsebrühpulver (s. S. 127)
frisch geriebene Muskatnuss
Pfeffer aus der Mühle
je 5 Stängel Thymian, Oregano, Majoran und Salbei
800 g Fleischtomaten
300 g Feta (vegan: No-Muh Melty, zerkrümelt und in Olivenöl, Kräutersalz, Essig und Pfeffer eingelegt)
4–5 EL Milch (vegan: Hafermilch)
200 g Lupinengeschnetzeltes
je 1 TL Chili- und Paprikapulver
250 g Schmand (vegan: Soyananda Sauerrahm)
je 1 TL rote und schwarze Pfefferkörner zum Bestreuen

Außerdem:
Auflaufform (20 x 25 cm)
Fett für die Form

Die **Auberginen** waschen, putzen und halbieren. Die Schnittflächen mit **Salz** einreiben und mit etwas **Zitronensaft** beträufeln. 30 Minuten ziehen lassen. Die **Kartoffeln** ungeschält in Salzwasser garen, dann abgießen. Das **Öl** in einem Topf erhitzen. **Zwiebeln** und **Knoblauch** schälen, klein würfeln und im heißen Öl anbraten. Die Auberginen abtupfen, in feine Scheiben schneiden und zu den Zwiebeln geben. **Gemüsebrühpulver**, **Muskatnuss** und **Pfeffer** untermischen und bei geschlossenem Deckel etwa 10 Minuten dünsten, bis das Gemüse zusammenfällt und fast gar ist. Die **Kräuter** waschen, trocken schütteln, fein hacken und unter die Auberginen rühren. Den Topf zur Seite stellen. Die **Tomaten** waschen und in Scheiben schneiden, dabei den Stielansatz entfernen. Den **Feta** mit der **Milch** zerdrücken. Die abgekühlten Kartoffeln pellen und in Scheibchen schneiden.

Den Backofen auf 190 °C (Umluft) vorheizen. Die Auflaufform fetten, die Hälfte der Kartoffelscheiben hineinlegen und das **Lupinengeschnetzelte** darauf verteilen. Mit der Hälfte der Auberginen bedecken, die Tomatenscheiben darüberlegen und mit **Chili-** und **Paprikapulver** bestreuen. Den zerdrückten Feta aufstreichen und mit den restlichen Kartoffeln bedecken. Die zweite Hälfte der Auberginen darübergeben und leicht mit Öl bestreichen. Im Ofen auf der mittleren Schiene 20 Minuten backen. Den **Schmand** mit etwas Salz und Pfeffer verrühren. Die Form aus dem Ofen nehmen, den Schmand über die Auberginen geben, glatt streichen und noch einmal 15 Minuten backen, bis die Oberfläche goldbraun ist. Das Moussaka mit **Pfefferkörnern** bestreuen und servieren.

Zuckererbsen-Paprika-Risotto mit Meerrettichröschen

Für 4 Personen

Für die Meerrettichröschen:
125 g weiche Butter (vegan: Alsan Bio)
25 g Meerrettichwurzel
1 TL Zucker
1 TL Salz

Für den Risotto:
1 ½ l Gemüsebrühe
200 g Zuckererbsenschoten
1 große gelbe Paprikaschote
3 EL extra natives Olivenöl
1 Schalotte
350 g Risottoreis
100 ml Weißwein
3 Stängel Koriandergrün
50 g weiche Butter (vegan: Alsan Bio)
50 g geriebener Parmesan (vegan: Veggie Grattugiato)

Außerdem:
Spritzbeutel mit Sterntülle

Für die Röschen die **Butter** schaumig rühren. Die **Meerrettichwurzel** schälen, fein reiben und mit **Zucker** und **Salz** unter die Butter mischen. Die Buttermischung in einen Spritzbeutel mit Sterntülle füllen. Auf ein mit Frischhaltefolie bedecktes Schneidebrett kleine Röschen spritzen und im Gefrierschrank erstarren lassen.
Für den Risotto die **Gemüsebrühe** in einem Topf erhitzen. Die **Zuckererbsenschoten** putzen, waschen und schräg in etwa 1 cm breite Streifen schneiden. Die **Paprikaschoten** waschen, halbieren, putzen und ebenfalls in etwa 1 cm breite Streifen schneiden. Zuckererbsen und Paprika fur etwa 5 Minuten in die Brühe geben, anschließend herausnehmen. Das **Öl** in einem großen Topf erhitzen. Die **Schalotte** schälen, fein würfeln und im heißen Öl anbraten. Den **Reis** zugeben und unter Rühren 2–3 Minuten mitbraten. Den **Wein** zugießen und unter ständigem Rühren einkochen lassen. Wenn die Flüssigkeit im Risotto aufgesogen ist, immer wieder einen Schöpflöffel heiße Brühe zugeben, bis sie vollständig aufgebraucht ist. Das **Koriandergrün** waschen, trocken schütteln und die Blättchen fein hacken. Zum Schluss Zuckererbsen, Paprika, Koriander, **Butter** und **Parmesan** unter den Risotto rühren.
Den Risotto auf eine vorgewärmte Platte geben, mit den gekühlten Meerrettichröschen garnieren und servieren.

Bohnen »im Speckmantel« mit Jägersauce

Für 4 Personen

Für die Bohnen:

800 g Prinzessbohnen
Salz
2 längliche Auberginen
Sonnenblumenöl zum Bestreichen
5 Scheiben Räucherkäse (vegan: Frescolat SmokeyRisella)
Rauchsalz Old Hickory
Pfeffer aus der Mühle

Für die Jägersauce:

2 EL extra natives Olivenöl
1 große rote Zwiebel
150 g braune Champignons
1 EL Tomatenmark
2 EL dunkler Balsamicoessig
100 ml Rotwein
2 EL Portwein
1 EL Barbecuesauce
2 TL getrockneter Majoran
½–1 EL edelsüßes Paprikapulver
300 ml Gemüsebrühe
Salz und Pfeffer aus der Mühle

Außerdem:

Auflaufform (20 x 25 cm)
Fett für die Form

Für die Bohnen den Backofen auf 180 °C (Umluft) vorheizen. Die **Bohnen** waschen, putzen und in **Salzwasser** 30 Minuten bissfest garen. Die **Auberginen** waschen, putzen und mit einem scharfen Messer längs in dünne Scheiben schneiden. Die 8 größten auf ein mit Backpapier ausgelegtes Backblech legen, mit etwas **Öl** bestreichen und 10 Minuten im Ofen goldgelb backen. 4 **Käsescheiben** der Länge nach halbieren, die fünfte Scheibe in 8 Streifen schneiden. Die Hälften auf die Auberginenscheiben legen. Die Bohnen abgießen, abtropfen und portionsweise darauf verteilen. In die Mitte jeweils einen Käsestreifen legen. Mit **Rauchsalz** und **Pfeffer** würzen. Die Auberginenscheiben zu 8 Bündeln rollen und mit Zahnstochern fixieren. Die Auflaufform leicht fetten, die Auberginen hineinlegen und dünn mit Öl bepinseln. Die Form auf mittlerer Schiene in den Ofen schieben und 10–15 Minuten backen, bis der Käse zu schmelzen beginnt.

Für die Jägersauce das **Öl** erhitzen. Die **Zwiebel** schälen, fein würfeln und im heißen Öl anbraten. Die **Champignons** putzen, in kleine Würfel schneiden und unter ständigem Rühren mitbraten. Das **Tomatenmark** hinzufügen und ca. 3 Minuten weiterrühren. Mit **Balsamico** ablöschen und kurz einkochen. Dann **Rot**- und **Portwein** angießen und einkochen lassen. **Barbecuesauce**, **Majoran** und **Paprikapulver** hinzufügen, dann nach und nach die **Gemüsebrühe** zugießen. Die Sauce anschließend pürieren und mit **Salz** und **Pfeffer** abschmecken.

Je zwei Bohnenbündel auf vier Teller legen, etwas Jägersauce darangießen und servieren. Als Beilage schmecken Petersilienkartoffeln.

Succotash: Zuckermais-Bohnen-Pfanne

Dieses pikante Gericht, das ursprünglich von Indianern aus den Anden stammt, verbreitete sich bald sowohl in den USA als auch in Europa. Die Kombination von Zuckermais und Limabohnen versorgt den Körper mit besonders hochwertigem Eiweiß.

Für 4 Personen

- 300 g Limabohnen, alternativ Mond- oder Butterbohnen (über Nacht in Wasser eingeweicht)
- 1 ½ l Gemüsebrühe
- 100 g Butter (vegan: Alsan Bio)
- 1 große Gemüsezwiebel
- 2 Knoblauchzehen
- 1–2 rote Chilischoten
- 1 große rote Paprikaschote
- 1 EL edelsüßes Paprikapulver
- Salz und Pfeffer
- 2 EL Maismehl, alternativ Dinkelmehl
- 5–6 Kolben Zuckermais (etwa 400 g Maiskörner)
- je 3 Stängel Kerbel, Basilikum, Liebstöckel und Petersilie
- 1 Lauchzwiebel

Die eingeweichten **Bohnen** 1–1 ½ Stunden in der **Gemüsebrühe** weichkochen. Bei Bedarf etwas Wasser nachgießen. Anschließend die Bohnen abgießen, die Brühe dabei auffangen. Inzwischen die **Butter** in einer Pfanne erhitzen, **Zwiebel** und **Knoblauch** schälen, würfeln und in der heißen Butter goldgelb braten. **Chili**- und **Paprikaschoten** waschen, halbieren und putzen. Chili klein würfeln, Paprika in schmale Streifen schneiden. Beides zusammen mit dem **Paprikapulver** in die Pfanne rühren und bei geschlossenem Deckel und niedriger Temperatur etwa 10 Minuten dünsten. Etwas **salzen** und **pfeffern**, dann das **Maismehl** darüberstreuen und mit der aufgefangenen Bohnenbrühe zu einer Sauce verrühren. Die gegarten Bohnen hinzugeben. Den **Zuckermais** waschen, von Fäden befreien, die Körner mit einem scharfen Messer vom Kolben abschneiden und ebenfalls unterrühren. Nochmals mit Salz und Pfeffer abschmecken. Die **Kräuter** waschen, trocken schütteln und fein hacken, dann unterrühren und das Gericht etwa 5 Minuten ziehen lassen. Der Zuckermais muss nicht gekocht werden; so bleiben alle wertvollen Inhaltsstoffe erhalten. Die **Lauchzwiebel** waschen, putzen und in Ringe schneiden.

Das Succotash mit den Zwiebelringen bestreuen und in der Pfanne servieren.

Mandelflans mit Himbeersauce

Für 4 Personen

Für die Flans:

100 g blanchierte Mandeln
250 ml Milch (vegan: Mandelmilch)
10 g Agar-Agar
1 Bio-Zitrone
1 EL Mandellikör, alternativ Mangosaft
30 g Honig (vegan: Apfeldicksaft)
200 g Sahne (vegan: Dinkelsahne plus Sahnesteif)
Minzeblättchen und Johannisbeeren zum Servieren

Für die Himbeersauce:

300 g Himbeeren
2 TL Sanddornsirup
1 TL Honig (vegan: Apfeldicksaft)

Für die Flans die **Mandeln** mit 180 ml **Milch** pürieren und 30 Minuten ziehen lassen, anschließend unter Rühren aufkochen. Die restliche Milch mit **Agar-Agar** verrühren, zur Mandelmilch hinzufügen und 1 Minute lang kochen. Den Topf vom Herd nehmen. Die **Zitrone** heiß waschen und abtrocknen, dann die Schale der Zitrone zur Hälfte abreiben und zusammen mit **Likör** und **Honig** unter das entstandene Mandelmus rühren. Sobald das Mus abgekühlt ist, die **Sahne** steif schlagen und unterziehen. Vier Schälchen mit kaltem Wasser ausspülen, die Mandelmasse hineingeben und etwa 6 Stunden kühl stellen, bis die Flans fest genug zum Stürzen sind.

Für die Sauce die **Himbeeren** verlesen, eine Handvoll zum Garnieren beiseitelegen, den Rest mit **Sanddornsirup** und **Honig** pürieren und durch ein Sieb streichen.

Vor dem Servieren die Schälchen mit den Flans kurz in heißes Wasser stellen und anschließend auf Dessertteller stürzen. Die Flans mit Himbeersauce beträufeln, mit **Minzeblättchen** garnieren und mit **Johannisbeeren** sowie den restlichen Himbeeren servieren.

Tipp:
Im Sommer gibt es Beeren und Früchte in Hülle und Fülle. Wer auch zu späterer Jahreszeit nicht darauf verzichten möchte, tut gut daran, diese in der Hochsaison portionsweise und küchenfertig einzufrieren, um beispielsweise auch im Herbst für das Kirschenmännle mit Mandeln (s. S. 95) heimische Früchte zur Hand zu haben.

Rote-Beeren-Grütze

Für 4 Personen

600 g gemischte Beeren, z. B. Erdbeeren, Himbeeren, Johannisbeeren, Brombeeren, Preiselbeeren, rote Stachelbeeren
½ Vanilleschote
½ l roter Johannisbeersaft
3 EL Speisestärke
1–2 EL schwarzer Johannisbeerlikör oder -saft
2 EL Honig (vegan: Ahornsirup), plus mehr nach Belieben
250 g Sahne (vegan: Dinkelsahne plus Sahnesteif)

Die **Beeren** verlesen, bei Bedarf vorsichtig waschen und abtropfen lassen. Erdbeeren entkelchen, besonders große halbieren oder vierteln. Johannisbeeren von den Rispen zupfen, Stachelbeeren von den Stielen befreien. Die **Vanilleschote** längs halbieren und das Mark herausschaben. Mark und Schote mit dem **Fruchtsaft** in einem Topf zum Kochen bringen.
Die **Speisestärke** mit 3–4 EL Wasser verrühren und in den kochenden Fruchtsaft einrühren. 2–3 Minuten weiterköcheln lassen, bis die Stärke bindet. Beeren und **Likör** hinzufügen. Die Früchte nur einen Moment erhitzen, damit sie nicht zerfallen. Vom Herd nehmen und nach Belieben mit **Honig** süßen. Die Vanilleschote entfernen und die Grütze abkühlen lassen. Die **Sahne** aufschlagen und zur Grütze servieren.

Sommernachtstraum

Für 4 Personen

250 g rote Johannisbeeren
250 g Himbeeren
400 ml Sauerkirschsaft
200 ml schwarzer Johannisbeersaft
je 1–2 EL Ingwersirup und Honig (vegan: Apfeldicksaft)
100 g Sahne (vegan: Dinkelsahne plus Sahnesteif)
½ TL Bourbon-Vanille zum Bestäuben

Außerdem:
Spritzbeutel mit Sterntülle

Die **Beeren** verlesen und bei Bedarf vorsichtig waschen. Die Johannisbeeren von den Rispen zupfen, mit den Himbeeren pürieren und durch ein Sieb passieren. Anschließend zusammen mit den **Fruchtsäften**, **Ingwersirup** und **Honig** verrühren, abschmecken und in Sektschalen füllen.
Zum Servieren die **Sahne** steif schlagen, auf jedes Glas mit dem Spritzbeutel kleine Häubchen setzen und mit etwas **Bourbon-Vanille** bestäuben.

HERBST

Fenchel-Orangen-Suppe mit Kapuzinerkresse

Für 4 Personen

2 kleine Zwiebeln
40 g Butter (vegan: Alsan Bio)
1 Fenchel (ca. 300 g)
4 Blätter Kapuzinerkresse,
alternativ 1 Kästchen Kresse
800 ml Gemüsebrühe
500 ml Orangensaft
3–4 TL Speisestärke
Meersalz
Pfeffer aus der Mühle

Die **Zwiebeln** schälen und würfeln. Die **Butter** in einem großen Topf erhitzen und die Zwiebeln darin goldgelb anbraten. Den **Fenchel** waschen, halbieren und den Strunk keilförmig herausschneiden. Das Fenchelgrün abzupfen und beiseitelegen. Die Knolle klein schneiden, zu den Zwiebeln geben und unter Rühren einige Minuten mitbraten. Die **Kresse** waschen, trocken schütteln, klein schneiden und in den Topf geben. Mit der **Brühe** aufgießen, sodass das Gemüse bedeckt ist, und etwa 20 Minuten kochen. Wenn das Gemüse gar ist, den **Orangensaft** zugeben und erhitzen, dann die Suppe pürieren. Die **Speisestärke** hineinsieben und unterrühren. Mit **Salz** und **Pfeffer** abschmecken.
Die Suppe in tiefe Teller füllen, mit Fenchelgrün bestreuen und servieren. Dazu schmeckt frisches Bauernbrot.

Tipp: Überraschen Sie Ihre Gäste mit den hübschen Blüten der Kapuzinerkresse. Die Suppe vor dem Servieren einfach mit den Blüten garnieren. Die Pflanzen sind auf dem Markt oder in der nächsten Gärtnerei erhältlich.

Schwarzrettich-Karotten-Staudensellerie-Salat

Für 4 Personen

Für den Salat:

1 Chicorée
1 kleiner Radicchio
1 schwarzer Rettich
1 TL Meersalz
3 EL Sonnenblumenkerne
2 Karotten
1 Stange Staudensellerie
alle Herzblätter vom Staudensellerie, alternativ Friséesalat
1 großer säuerlicher Apfel, z. B. Boskop
1–2 EL Zitronensaft
1 rote Zwiebel (nach Belieben)

Für die Salatsauce:

3 EL kalt gepresstes Sonnenblumenöl
2 TL Sesamöl
1 EL Sojasauce Bio Tamari
2 EL Apfelessig
2 TL Honig (vegan: Apfeldicksaft)
Salz und Pfeffer aus der Mühle

Für den Salat **Chicorée** und **Radicchio** in Blätter zerlegen und waschen. Den **Rettich** unter fließendem Wasser abbürsten, halbieren und in schmale Spalten schneiden. Dann mit **Salz** mischen und 5 Minuten ziehen lassen. Inzwischen die **Sonnenblumenkerne** in einer Pfanne ohne Fett rösten, bis sie duften. Das ausgetretene Rettich-Salzwasser abgießen. Die **Karotten** putzen und schälen, dann mit dem Sparschäler einige lange Streifen für die spätere Dekoration abziehen. Nun die Karotten in schräge Scheiben schneiden. Den **Staudensellerie** waschen und in schmale Stücke schneiden. Die Herzblätter waschen und trocken schleudern. Den **Apfel** waschen, putzen, in feine Spalten schneiden und mit **Zitronensaft** beträufeln, damit er nicht braun wird. Nach Belieben eine **Zwiebel** schälen und in Ringe schneiden.

Für die Salatsauce beide **Ölsorten**, **Sojasauce**, **Essig** und **Honig** vermischen und mit **Salz** und **Pfeffer** abschmecken.

Alle Zutaten für den Salat vermengen, auf einer Platte hübsch anrichten, mit der Salatsauce beträufeln und die Sonnenblumenkerne darüberstreuen.

Selleriecremesuppe mit Thymian-Croutons

Für 4 Personen

Für die Croutons:

1 Knoblauchzehe
50 g weiche Butter (vegan: Alsan Bio)
50 g geriebener Parmesan (vegan: Veggie Grattugiato)
2 TL getrockneter Thymian
1 Prise Cayennepfeffer
3 Scheiben Vollkorntoast

Für die Suppe:

1 Schalotte
1 kleine weichkochende Kartoffel
800 g Knollensellerie
1 ½ EL Butter (vegan: Alsan Bio)
1 l Gemüsebrühe
½ Bund Liebstöckel
Meersalz
weißer Pfeffer
2 EL Schmand (vegan: Green Heart Frischecreme) zum Servieren

Für die Croutons den Backofen auf 190 °C (Umluft) vorheizen. Den **Knoblauch** schälen und durch eine Presse drücken. Die **Butter** mit Knoblauch, **Käse**, **Thymian** und **Pfeffer** verrühren und die **Toastbrote** damit bestreichen. Die Brote auf ein mit Backpapier ausgelegtes Backblech legen und etwa 10 Minuten im Ofen überbacken, bis die Käsebutter leicht bräunt. Nach dem Abkühlen die Toasts diagonal vierteln.
Für die Suppe **Schalotte**, **Kartoffel** und **Sellerie** schälen und in Würfel schneiden. Die **Butter** in einem Topf erhitzen und die Schalotte darin glasig dünsten. Kartoffel und Sellerie hinzufügen und kurz andünsten, dann mit der **Brühe** ablöschen. Kurz aufkochen, anschließend zugedeckt etwa 20 Minuten bei mittlerer Hitze köcheln lassen. Inzwischen den **Liebstöckel** waschen, trocken schütteln und fein hacken. Den Topfinhalt pürieren und mit **Salz** und **Pfeffer** abschmecken.
Zum Anrichten die Suppe in tiefe Teller füllen, einen Klecks **Schmand** obendrauf geben und mit Liebstöckel bestreuen. Mit den Thymian-Croutons servieren.

Kürbis in süßsaurer Orangen-Ingwer-Sauce mit Couscous

Für 4 Personen

240 g Couscous

Für den Kürbis:

1 ½ kg Kürbis, z. B. Hokkaido
gemahlener Ingwer
Salz und Pfeffer aus der Mühle
1 Schalotte
4 EL extra natives Olivenöl

Für die Orangen-Ingwer-Sauce:

160 ml Orangensaft
1 EL Tomatenmark
35 ml zuckerarmer Tomatenketchup (aus dem Bioladen)
50 ml Apfelessig
1 EL Sojasauce Bio Tamari
1 EL Blütenhonig (vegan: Apfeldicksaft)
1 Bio-Orange
4–6 Ingwernüsse in Sirup (aus dem Glas)
1 rote Chilischote
Meersalz
Speisestärke, bei Bedarf
Minzeblättchen zum Servieren

Den **Couscous** nach Packungsanweisung zubereiten. Den **Kürbis** waschen, entkernen, in Würfel schneiden (schälen bei Hokkaido nicht nötig) und mit **Ingwer**, **Salz** und **Pfeffer** bestreuen. Die **Schalotte** schälen und klein würfeln. Das **Öl** in einer Pfanne erhitzen, Kürbis und Schalotte darin unter Rühren anbraten, dann bei mittlerer Hitze zugedeckt 10–15 Minuten nicht zu weich dünsten. Wenn das Gemüse droht anzubrennen, etwas Wasser hinzugeben.
Für die Sauce den **Orangensaft** mit **Tomatenmark**, **Ketchup**, **Essig**, **Sojasauce** und **Honig** in einem Topf vermischen und erhitzen. Die **Orange** heiß waschen, abtrocknen und die Schale abreiben, dann die Orange auspressen. 2 TL der Schale und den Saft unter die Orangensaftmischung rühren und 10 Minuten mitköcheln. Entstehenden Schaum dabei abschöpfen.
Die **Ingwernüsse** klein würfeln. Die **Chilischote** waschen, putzen, entkernen und klein hacken. Ingwer und Chili in die Orangensauce rühren, alles fein pürieren und mit **Salz** abschmecken. Wenn nötig, mit **Speisestärke** binden.
Zum Servieren das Gemüse auf vorgewärmte Teller verteilen, die heiße Orangen-Ingwer-Sauce darübergießen und mit **Minzeblättchen** garnieren. Den Couscous dazu reichen.

Blumenkohl im grünen Nest mit Goldsauce

Für 4 Personen

Für den Blumenkohl:

240 g Basmatireis
2–3 frische Grünkohlblätter, alternativ ca. 200 g Baby-Mangoldblätter
Salz
800 g Blumenkohl ohne Strunk

Für die Goldsauce:

2 große Gemüsezwiebeln
2 Knoblauchzehen
4 EL extra natives Olivenöl
2 TL Gemüsebrühpulver (s. S. 127)
je 1 TL gemahlene(r) Ingwer, Kurkuma, Kreuzkümmel (Cumin), Koriander und Muskatnuss
1 TL Currypulver
2 EL Zitronensaft
2 EL Obstessig
40 g Blütenhonig (vegan: Apfeldicksaft)
120 g Schmand (vegan: Soyananda Sauerrahm)
1 TL rote Pfefferkörner

Den **Basmatireis** nach Packungsanweisung zubereiten. Die **Grünkohlblätter** waschen, die dicke Mittelrippe herausschneiden und die Kohlblätter etwa 5 Minuten in **Salzwasser** aufkochen, anschließend kurz in Eiswasser abschrecken und in etwas Salzwasser warm halten. Den **Blumenkohl** putzen, waschen und in Röschen zerteilen. In wenig Salzwasser etwa 15 Minuten dünsten.

Für die Goldsauce **Zwiebeln** und **Knoblauch** schälen und klein würfeln. In einer großen Pfanne das **Öl** erhitzen und die Würfel darin goldgelb braten. Inzwischen in einer kleinen Schale das **Gemüsebrühpulver** mit den **Gewürzen** vermischen. In einer großen Tasse **Zitronensaft**, **Essig** und **Honig** mit 200 ml Wasser verrühren. Die Gewürzmischung über die gebratenen Zwiebeln streuen und die Zitronen-Essig-Mischung angießen. Die Sauce etwa 10 Minuten leicht simmern lassen. Zum Schluss den **Schmand** unterrühren, nochmals kurz erhitzen, dann fein pürieren.

Die gekräuselten Kohlblätter auf vier Tellern kreisförmig auslegen. In die Mitte jeweils einige Löffel Reis geben und die Blumenkohlröschen darauf anrichten. Die Goldsauce darüberträufeln, mit **Pfefferkörnern** bestreuen und den Blumenkohl im grünen Nest servieren.

Auberginengondeln mit Linsensauce

Für 4 Personen

240 g Basmatireis
1 Zitrone

Für die Auberginen:
2 mittelgroße Auberginen
Salz

Für die Linsensauce:
500 ml Gemüsebrühe
200 g rote Linsen
1 EL Honig (vegan: Apfeldicksaft)
je 1 TL gemahlene(r) Kreuzkümmel (Cumin), Ingwer, Koriander, Piment und Kurkuma
60 g Butter (vegan: Alsan Bio)
Chilisalz

Für die Füllung:
30 g Butter
1 Zwiebel
1 kleine grüne Zucchini
1 kleine rote Paprikaschote
30 g geriebener Parmesan zum Bestreuen (vegan: Veggie Grattugiato)
1 TL rote Pfefferkörner zum Bestreuen

Den **Basmatireis** nach Packungsanweisung garen. Die **Zitrone** auspressen.
Die **Auberginen** waschen, putzen und längs halbieren. Die Hälften bis auf 1 cm mit einem Kugelausstecher aushöhlen und mit **Salz** und etwas Zitronensaft einreiben. Das Auberginenfruchtfleisch würfeln und leicht mit Zitronensaft beträufeln. Den Backofen auf 180 °C (Umluft) vorheizen. Die Auberginen mit Küchenpapier abtupfen und nebeneinander in eine flache Auflaufform legen. Den Boden der Form mit etwas heißem Wasser angießen und im Ofen etwa 20 Minuten garen. Danach warm halten.
Für die Linsensauce die **Gemüsebrühe** aufkochen, die **Linsen** zusammen mit 2 EL Zitronensaft, **Honig** und den **Gewürzen** hineingeben und etwa 10 Minuten im geschlossenen Topf köcheln lassen. Die **Butter** unterrühren und mit **Chilisalz** abschmecken. Die Sauce pürieren und warm stellen.
Für die Füllung die **Butter** erhitzen, die **Zwiebel** schälen, klein würfeln und in der Butter glasig dünsten. **Zucchini** und **Paprikaschote** waschen, putzen und die Hälfte des Gemüses klein hacken. Den Rest zum Dekorieren in schmale Streifen schneiden. Das kleingehackte Gemüse und das Auberginenfruchtfleisch mit der Zwiebel verrühren und ca. 15 Minuten dünsten. Bei Bedarf etwas Wasser hinzufügen. Die Mischung in die Auberginenhälften füllen und mit etwas Linsensauce beträufeln.
Zum Servieren die Auberginengondeln mit der Linsensauce und dem Basmatireis auf vier Teller anrichten, mit **Parmesan** und **Pfefferkörnern** bestreuen und mit Zucchini- und Paprikastreifen dekorieren.

Kartoffel-Zwiebel-Chili-Tarte

Für 4 Personen

750 g Kloßteig »halb und halb« (aus der Packung oder selbst gemacht, s. S. 128)
100 g Walnusskerne
je 1 Stängel Liebstöckel, Kerbel und Petersilie
4–5 rote Zwiebeln
1 rote und 2 grüne Chilischoten
1 TL rote Pfefferkörner zum Bestreuen
50 g Butter (vegan: Alsan Bio)

Außerdem:
Springform (24 cm Ø)
Fett für die Form

Den Backofen auf 160 °C (Umluft) vorheizen. Den **Kloßteig** halbieren. Die **Walnusskerne** grob hacken und mit einer Hälfte des Kloßteigs vermengen. Den Boden der Form einfetten und den Walnussteig mit den Händen gleichmäßig darauf verteilen. Die **Kräuter** waschen und trocken schütteln. Die Blätter abzupfen, fein hacken und über den Teig streuen. Die zweite Hälfte des Kloßteigs gleichmäßig darübergeben. Die **Zwiebeln** schälen und in breite Spalten schneiden. Die **Chilischoten** waschen, putzen und entkernen. Die rote Schote der Länge nach halbieren, die grünen Schoten in Ringe schneiden.

Dekorationsvorschlag: Die Zwiebelspalten mit der violetten Seite nach oben in gleichmäßigen Abständen um den Rand der Tarte legen. Mit den beiden Hälften der roten Chilischote in der Mitte der Tarte einen Ring bilden. 2–3 Zwiebelspalten hineinlegen. Die grünen Chiliringe und die **Pfefferkörner** zwischen den Zwiebelspalten verteilen.

Die **Butter** in einem kleinen Topf zerlassen und die Tarte dünn mit dem flüssigen Fett bestreichen.

Die Form auf der mittleren Schiene in den Ofen schieben und die Tarte 15 Minuten backen. Zwischendurch nochmals einfetten, damit Zwiebeln und Chili ihre Farbe behalten.

Die Tarte heiß servieren. Als Beilage schmeckt ein grüner Salat.

Herbstspinat mit Bamberger Hörnla und Amaranth-Lupinen-Küchle

Für 4 Personen

Für 12 Küchle:
400 ml Gemüsebrühe
200 g gepuffter Amaranth
2 EL kalt gepresstes Sonnenblumenöl, plus etwas mehr zum Bestreichen
2 Schalotten
100 g Walnusskerne
1 Stängel Petersilie
100 g Lupinengeschnetzeltes
2 Eier (vegan: Natura Ei-Ersatz)
Salz und Pfeffer aus der Mühle

Für den Spinat:
1 kg Blattspinat
2 EL Senföl, alternativ kalt gepresstes Sonnenblumenöl
2 Schalotten
2 Knoblauchzehen
1 EL Speisestärke
150 ml Gemüsebrühe
1–2 TL Sojasauce Bio Tamari
frisch geriebene Muskatnuss
Meersalz, Pfeffer
100 g Schmand (vegan: Green Heart Frischecreme)

Für die Bamberger Hörnla:
6 mittelgroße Bamberger Hörnla
Salz

Für die Küchle die **Brühe** aufkochen. Den **Amaranth** damit übergießen und abgedeckt 30 Minuten quellen lassen. Den Backofen auf 180 °C (Umluft) vorheizen. Das **Öl** erhitzen, die **Schalotten** schälen, fein würfeln und im Öl goldgelb anbraten. Die **Walnusskerne** fein hacken. Die **Petersilie** waschen, trocken schütteln und ebenfalls fein hacken. Das **Lupinengeschnetzelte** klein schneiden und mit Amaranthbrei, Schalotten, Walnüssen und **Eiern** zu einem geschmeidigen Teig verarbeiten. Mit **Salz** und **Pfeffer** würzen. Aus dem Teig mit angefeuchteten Händen 12 Küchle formen und auf ein mit Backpapier ausgelegtes Backblech legen. Dünn mit Öl bestreichen, auf mittlerer Ebene in den heißen Ofen schieben und die Küchle 10–15 Minuten hell backen. Mit der Backschaufel wenden, erneut mit Öl bestreichen und weitere 15 Minuten backen. Die Küchle im Ofen warm halten.
Den **Spinat** waschen, trocken schleudern und die Blätter von den Stielen abziehen. Das **Öl** in einem Topf erhitzen. **Schalotten** und **Knoblauch** schälen, klein würfeln und im heißen Öl goldgelb anbraten. Die **Speisestärke** mit 3 EL **Brühe** verrühren. Die restliche Brühe mit **Sojasauce** und **Muskatnuss** verquirlen und unterrühren. Mit der angerührten Speisestärke binden und mit **Salz** und **Pfeffer** abschmecken. Den Spinat hinzufügen und im geschlossenen Topf zusammenfallen lassen. Vor dem Servieren den **Schmand** hineinrühren.
Nebenbei die **Kartoffeln** waschen, in reichlich **Salzwasser** garen, schälen und in Scheiben schneiden. Kartoffelscheiben, Spinat und Amaranth-Lupinen-Küchle auf einer vorgewärmten Platte anrichten und servieren.

Knoblauchsländer Lauchstrudel

Für 4 Personen

Für den Strudelteig (alternativ 1 Packung TK-Strudelteig):

250 g Dinkelmehl
1 Prise Salz
1 Ei (vegan: Natura Ei-Ersatz)
1 EL kalt gepresstes Sonnenblumenöl, plus etwas mehr zum Bestreichen

Für die Füllung:

1,2 kg Lauch
2 gekochte Kartoffeln vom Vortag
2–3 Knoblauchzehen (nach Belieben)
250 g Vantastic Foods Veggie Schinken oder Veggie Salami
200 g Räucherkäse (vegan: No-Muh Melty)
1 Bund Majoran
80 g Walnusskerne
40 g Quinoa
100 g Schmand (vegan: Soyananda Sauerrahm)
Salz und Pfeffer aus der Mühle
frisch geriebene Muskatnuss
Oreganozweige zum Servieren

Für den Strudelteig in einer Rührschüssel **Mehl, Salz, Ei** und **Öl** sowie 100 ml lauwarmes Wasser mit einem Handmixer (Knethaken) auf niedriger Stufe vermengen, dann auf höchster Stufe zu einem glatten Teig verarbeiten. Einen kleinen Topf leicht erwärmen. Den Teig auf Backpapier in den Topf legen und abgedeckt an einem warmen Ort 30 Minuten ruhen lassen.
Inzwischen für die Füllung den **Lauch** putzen, der Länge nach aufschneiden und unter fließendem Wasser gründlich waschen. Die weißen bis hellgrünen Teile in schmale Streifen schneiden. **Kartoffeln** und **Knoblauch** schälen und klein würfeln. **Veggie Schinken** und **Räucherkäse** in kleine Stücke schneiden. Den **Majoran** waschen, trocken schütteln und die Blättchen fein hacken. Die **Walnusskerne** grob zerkleinern und in einer Pfanne ohne Fett rösten, bis sie duften. Die **Quinoa** mit 120 ml heißem Wasser zu einem Brei verrühren. Alle Zutaten miteinander vermengen. Zum Schluss den **Schmand** unter die Lauchmischung rühren und mit **Salz**, **Pfeffer** und **Muskatnuss** abschmecken.
Den Backofen auf 180 °C (Umluft) vorheizen. Den Strudelteig auf einem bemehlten Geschirrtuch dünn ausrollen und die Füllung auf dem Teig verteilen. Mithilfe des Tuchs den Strudel aufrollen und die Teigenden etwas einschlagen. Vorsichtig auf ein mit Backpapier ausgelegtes Backblech gleiten lassen und dünn mit Öl bestreichen. Den Strudel auf mittlerer Ebene in den Ofen schieben und etwa 40–50 Minuten backen. Sollte er zu schnell bräunen, den Strudel mit Backpapier abdecken.
Den Strudel auf eine vorgewärmte Platte gleiten lassen und mit **Oreganozweigen** garnieren. Dazu schmeckt ein grüner Blattsalat.

Wirsing-Pilz-Gratin

Für 4 Personen

1 großer Wirsing
Salz
1 große Zwiebel
1 EL Butter (vegan: Alsan Bio)
400 g Wald- oder Zuchtpilze
Pfeffer aus der Mühle
150 g Walnusskerne
370 g geriebener Emmentaler (vegan: No-Muh-Chäs würzig)
1–2 TL frisch geriebene Muskatnuss
2 TL gemahlener Kümmel
2–3 TL Kräutersalz
1 walnussgroßes Stück frischer Ingwer
200 g Schmand (vegan: Green Heart Frischecreme)
Olivenöl zum Bestreichen
Majoranblättchen zum Servieren

Außerdem:
Springform (24 cm Ø)
Fett für die Form

Vom **Wirsing** die äußeren Blätter entfernen. Dann 6–8 gute Blätter abnehmen. Die Mittelrippen flach schneiden und die Blätter 3 Minuten lang in kochendes **Salzwasser** geben. Anschließend in einer Schüssel mit Eiswasser abschrecken. Die Springform einfetten. Mit den blanchierten Blättern die Form so auslegen, dass sie den Boden bedecken und etwas über den Rand hinausreichen. Den restlichen Kopf vierteln, den Strunk heraustrennen und die Viertel in dünne Streifen schneiden. Die **Zwiebel** schälen und klein hacken. **Butter** in einer Pfanne erhitzen und die Zwiebel darin anbraten. Die **Pilze** putzen, in feine Scheiben schneiden und zur Zwiebel geben. Alles mit **Pfeffer** bestäuben und abgedeckt etwa 5 Minuten dünsten. Den Backofen auf 180 °C (Umluft) vorheizen. Die **Walnusskerne** hacken, 1 EL davon zum Servieren beiseitelegen. Wirsing, Pfanneninhalt, Walnüsse und 300 g **Käse** in einer Schüssel vermengen und die **Gewürze** untermischen. Mit **Salz** abschmecken. Etwa zwei Drittel der Mischung auf die Blätter in der Form geben und glatt streichen. Den **Ingwer** schälen und fein reiben, unter den **Schmand** rühren und mit der restlichen Gemüsemischung vermengen. Diese über die erste Gemüselage geben und die am Rand überstehenden Wirsingblätter nach innen klappen. Die Oberfläche mit **Öl** bestreichen. Die Form auf mittlerer Schiene für 25 Minuten in den Ofen schieben. Dann den restlichen Käse über die Schmand-Gemüse-Mischung verteilen und weitere 5–8 Minuten im Ofen überbacken, bis die Oberfläche leicht gebräunt ist. Das fertige Gratin mit den restlichen Walnüssen und den **Majoranblättchen** bestreuen. Dazu schmeckt ein grüner Salat.

Ratatouille provencale

Bei dieser Spezialität aus der Provence handelt es sich um ein äußerst gesundes und pikantes Gericht, das sich auch in der deutschen Küche in vielen Variationen eingebürgert hat.

Für 4 Personen

4 EL extra natives Olivenöl
2 große Gemüsezwiebeln
2 Knoblauchzehen
1 walnussgroßes Stück frischer Ingwer
2 große Kartoffeln
½ l Gemüsebrühe, plus mehr bei Bedarf
300 g Kürbis, z. B. Hokkaido
3 kleine Zucchini
2 Karotten
3 kleine Paprikaschoten
1–2 EL Paprikapaste
½–1 EL edelsüßes Paprikapulver
1 TL rosenscharfes Paprikapulver
1 EL Kräuter der Provence
1 große Aubergine
1 Zitrone
Salz
4 große Eiertomaten
4 Zweige Thymian
je 4 Stängel Oregano und Majoran
Pfeffer aus der Mühle

Das **Öl** in einem großen Topf erhitzen. Die **Zwiebeln** schälen und in gröbere Stücke schneiden. **Knoblauch** und **Ingwer** schälen, klein würfeln und zusammen mit den Zwiebeln im heißen Öl goldgelb anbraten. Die **Kartoffeln** schälen, waschen und in 2 cm große Würfel schneiden, dann zu den Zwiebeln in den Topf geben und ein wenig von der **Gemüsebrühe** angießen. **Kürbis**, **Zucchini**, **Karotten** und **Paprikaschoten** waschen, putzen, bei Bedarf schälen und ebenfalls klein schneiden. Alles in den Topf geben und unter Rühren 3 Minuten lang mitschwitzen. Die restliche Gemüsebrühe zugießen. **Paprikapaste**, **Gewürze** und **Kräuter der Provence** hinzufügen und im geschlossenen Topf 15 Minuten köcheln lassen. Gelegentlich umrühren, bei Bedarf etwas Brühe nachgießen. Inzwischen die **Aubergine** waschen, putzen und in mundgerechte Stücke schneiden. Die **Zitrone** auspressen, den Saft in einem kleinen Topf mit **Salzwasser** mischen. Die Auberginenstücke hineingeben (sie sollten gut mit Wasser bedeckt sein) und bei geringer Hitze 15 Minuten köcheln. Die **Tomaten** kurz in kochendes Wasser geben, dann kalt abschrecken, häuten, vierteln und den Stielansatz sowie das Kernhaus entfernen. Die **Kräuter** waschen, trocken schütteln und die Blättchen fein hacken. Die Auberginenstücke abgießen und zusammen mit Tomaten und Kräutern unter das Gemüse heben. Mit Salz und **Pfeffer** abschmecken und bei mittlerer Hitze etwa 5 Minuten ziehen lassen.
Das Ratatouille in vorgewärmte Schüsseln füllen und servieren. Dazu passt frisches Baguette.

Tipp: Da die Aubergine beim Mitkochen im Ratatouille schnell braun und unansehnlich wird, wird sie hier in extra Zitronenwasser gegart.

Dolmas: Gefüllte Paprikaschoten

Dolma leitet sich von dem türkischen Wort »dolmak« ab und heißt so viel wie »gefüllt«. Gefülltes Gemüse ist heute in der ganzen Welt beliebt.

Für 4 Personen

240 g Naturreis

Für die Dolmas:
2 EL extra natives Olivenöl
1 Zwiebel
300 g kleine Champignons
1–2 TL Gemüsebrühpulver (s. S. 127)
3 TL Kräuterpulver (s. S. 127)
300 g Auberginen
2 getrocknete Tomaten in Öl
80 g Schmand (vegan: Soyananda Sauerrahm)
1 TL gemahlener Zimt
½ TL gemahlener Piment
3 EL Korinthen oder kleine Rosinen
Salz und Pfeffer
8 kleine grüne Paprikaschoten

Für die Joghurtsauce:
6 Stängel Minze
1 Bio-Limette
1 EL extra natives Olivenöl
300 g Joghurt (vegan: Sojajoghurt)
Salz und Pfeffer

Den **Naturreis** nach Packungsanweisung garen.
Für die Dolmas das **Öl** erhitzen, die **Zwiebel** schälen, klein würfeln und im heißen Öl hellgelb anschwitzen. Die **Pilze** putzen, in dünne Scheiben schneiden und mitbraten. Sobald die Pilze Saft abgeben, **Gemüsebrüh-** und **Kräuterpulver** einrühren, dann den Topf abdecken. Die **Auberginen** waschen, putzen, klein würfeln, untermischen und bei niedriger Temperatur etwa 15 Minuten mitgaren. Bei Bedarf etwas Wasser zugießen. Die **getrockneten Tomaten** in feine Streifen schneiden und mit **Schmand**, **Gewürzen** und **Korinthen** unter das Gemüse mengen. Mit **Salz** und **Pfeffer** pikant abschmecken und den Topf warm stellen. Die **Paprikaschoten** waschen, die »Hüte« abschneiden und das Kerngehäuse entfernen. Die Paprika aufrecht in einen nicht zu großen Topf stellen. Die Gemüsemischung in die Schoten füllen und die Hüte daraufsetzen. Den Topfboden mit etwas heißem Salzwasser bedecken und den Topf schließen. Die Dolmas etwa 5–8 Minuten bei mittlerer Temperatur dünsten.
Für die Joghurtsauce die **Minze** waschen und trocken schleudern. Die Blättchen von den Stielen zupfen. 1 EL Blättchen zum Garnieren beiseitelegen. Die restliche Minze fein hacken. Die **Limette** heiß abwaschen und abtrocknen. Die Schale abreiben, dann die Limette halbieren und 3 EL Saft auspressen. 3 TL Schale mit der gehackten Minze und **Olivenöl** unter den **Joghurt** rühren. Mit **Salz** und **Pfeffer** pikant abschmecken.
Zum Servieren je zwei Dolmas auf vier vorgewärmte Teller setzen, Reis um die Schoten geben und mit Minzeblättchen garnieren.

Aprikosentörtchen mit Marillenlikör

Für 4 Personen

Für 12 Törtchen:

300 g TK-Vollkornblätterteig, z. B. moin bio
1 ½ kg Aprikosen, alternativ Zwetschgen
6–8 cl Marillenlikör
Aprikosenkonfitüre zum Bestreichen
250 g Sahne (vegan: Dinkelsahne plus Sahnesteif)
1 TL Blütenhonig (vegan: Ahornsirup)

Außerdem:

Muffinblech mit 12 Mulden
Fett für die Form

Die **Blätterteigplatten** nebeneinander auf die Arbeitsfläche legen und 15 Minuten antauen lassen.
Den Backofen auf 180 °C (Umluft) vorheizen. Das Muffinblech dünn einfetten. Aus den Teigplatten 12 Kreise (à 10 cm Ø) ausstechen und in die Mulden im Blech drücken. Die Platten dürfen gerne etwas über den Rand hinausstehen. Den Teig mehrmals mit einer Gabel einstechen.
Die **Aprikosen** waschen, halbieren und entsteinen. 4 Aprikosenhälften in jede Teigmulde geben und im heißen Ofen auf der untersten Schiene 10 Minuten backen. Dann die Temperatur auf 160 °C reduzieren und weitere 20 Minuten backen. Die heißen Aprikosen jeweils mit etwas **Likör** beträufeln und mit **Konfitüre** bestreichen.
Die Törtchen 10 Minuten in der Form abkühlen lassen, anschließend herauslösen und auf einer Tortenplatte vollständig auskühlen lassen. Die **Sahne** mit dem **Honig** aufschlagen und zu den Törtchen servieren.

Kirschenmännle mit Mandeln

Für 4 Personen

Für das Kirschenmännle:

6 altbackene Vollkornbrötchen
250–350 ml Milch (vegan: Hafermilch), nach Bedarf
750 g frische Sauer- oder Süßkirschen, alternativ 600 g TK-Kirschen
100 g weiche Butter (vegan: Alsan Bio)
100 g flüssiger Honig (vegan: Reissirup)
4 Eier (vegan: Natura Ei-Ersatz)
1 walnussgroßes Stück frischer Ingwer
1 Bio-Zitrone
100 g Mandeln mit Schale
75 g Vollweizengrieß
100 g Sultaninen (nach Belieben)

Außerdem:

Form (ca. 22 cm Ø)
Fett für die Form

Die **Brötchen** in Scheiben schneiden und in eine Schüssel geben. In einem Topf die **Milch** aufkochen und gleichmäßig über die Brötchen gießen, bis die Scheiben gut angefeuchtet, aber nicht zu nass sind. Abgedeckt etwa 10–15 Minuten einweichen. Inzwischen die **Kirschen** waschen und entsteinen respektive auftauen lassen. Den Backofen auf 180 °C (Umluft) vorheizen. Die **Butter** mit **Honig** und **Eiern** verrühren. Den **Ingwer** schälen und reiben. Die **Zitrone** heiß waschen und abtrocknen, dann die Schale abreiben. Die **Mandeln** grob hacken. Ingwer und Zitronenschale mit Mandeln, **Grieß** und nach Belieben **Sultaninen** mischen und der Buttermischung hinzufügen. Alles mit den abgekühlten Brötchen verkneten. Zum Schluss die Kirschen untermischen. Die Form fetten und den Teig hineinfüllen. Im vorgeheizten Ofen auf mittlerer Schiene etwa 50 Minuten backen. Das Kirschenmännle in Portionen schneiden und noch heiß mit selbst gemachter Vanillesauce (s. S. 129) servieren.

Tipp: Kirschen lassen sich wie andere Steinfrüchte und Beeren sehr gut einfrieren und bieten somit eine einfache Möglichkeit, ein Stückchen Sommer in spätere Jahreszeiten zu retten.
Wer natürlich nur frische Zutaten verwenden möchte, kann anstatt Kirschen auch Pflaumen nehmen.

Gebackene Quitten mit Mandelkrokant

Für 4 Personen

Für die Quitten:

1 Zitrone
4 Quitten
2 Stangen Zimt
4 EL Birnensaft
6–8 EL Ahornsirup
4 Sternanise
1 EL Butter (vegan: Alsan Bio)
Schokoladeneis (vegan: Lupinen-Schokoladeneis, z. B. Made-with-Luve) zum Servieren

Für den Mandelkrokant:

100 g Puderzucker
10 g Butter (vegan: Alsan Bio)
2 EL Birnendicksaft
40 g Mandelblättchen

Außerdem:

Küchengarn

Den Backofen auf 180 °C (Umluft) vorheizen. Die **Zitrone** auspressen. Die **Quitten** schälen, halbieren und das Kernhaus mit einem scharfen Messer entfernen.
Die Hälften rundum mit Zitronensaft einreiben.
Backpapier in 4 Lagen à 20 x 30 cm zuschneiden.
Jeweils 2 Quittenhälften mittig auf eine Lage setzen. Die **Zimtstangen** in Stücke brechen. 2 EL Zitronensaft mit Zimtstücken, **Birnensaft**, **Ahornsirup**, **Sternanisen** und **Butter** in einem kleinen Topf aufkochen und über die Quitten träufeln. Das Backpapier über den Quitten mehrfach zusammenfalten und an den Enden mit Küchengarn zubinden. Die Päckchen auf ein Backblech setzen und im Ofen auf der untersten Schiene 45 Minuten backen.
Für den Mandelkrokant den **Puderzucker** in einer Pfanne goldbraun karamellisieren, dabei erst umrühren, wenn der Zucker anfängt zu schmelzen. **Butter** und **Birnendicksaft** hinzufügen. Sobald der Karamell beginnt fest zu werden, die **Mandeln** unterrühren. Die Masse auf eine Lage Backpapier streichen und mit einer zweiten Lage bedecken. Mit dem Nudelholz zügig flach rollen, bevor die Masse zu fest wird. Wenn er erstarrt ist, den Krokant in Stücke hacken.
Zum Anrichten die gebundene Seite der Päckchen vorsichtig abschneiden und die Quitten in Dessertschalen gleiten lassen. Mit Krokant bestreuen und mit einer Kugel **Schokoladeneis** sofort servieren.

WINTER
WIN
TER

Gratinierte Zwiebelsuppe

Für 4 Personen

600 g Zwiebeln
1 Knoblauchzehe (nach Belieben)
40 g Butter (vegan: Alsan Bio)
1 ¼ l Gemüsebrühe
4 Kardamomkapseln
120 ml trockener Weißwein
Meersalz
Pfeffer aus der Mühle
4 Scheiben Vollkorntoast
100 g Greyerzer (vegan: Tofutti Creamy Smooth Cheddar Style)
Schnittlauchröllchen zum Servieren

Außerdem:
Tee-Ei

Die **Zwiebeln** schälen und in feine Spalten schneiden. Den **Knoblauch** schälen und fein würfeln. Die **Butter** in einer Pfanne erhitzen und Zwiebeln und Knoblauch darin braten, bis die Zwiebeln sich goldgelb färben. Die **Gemüsebrühe** und das Tee-Ei mit den **Kardamomkapseln** hinzufügen und zugedeckt etwa 20 Minuten leicht köcheln lassen. Dann das Tee-Ei entfernen. Den **Wein** hinzufügen und kurz erhitzen. Mit **Salz** und **Pfeffer** pikant abschmecken.
Den Backofengrill auf 250 °C einschalten. Die **Brotscheiben** im Toaster hell rösten und anschließend in nicht zu kleine Würfel schneiden. Den **Käse** fein reiben. Die Zwiebelsuppe in vier Suppentassen füllen, die Brotwürfel darauf verteilen und mit Käse bestreuen. In den Ofen direkt unter dem Grill einschieben und 3–5 Minuten goldgelb überbacken.
Anschließend die Suppe mit **Schnittlauchröllchen** bestreuen und sofort servieren.

Sauerkrautsalat

— Für 4 Personen —

Für den Salat:
250 g Sauerkraut (vom Fass oder selbst gemacht, s. S. 127)
2 Schalotten
200 g Karotten
1 Ananas
je 1 kleine rote und grüne Paprikaschote
je 3 Stängel Petersilie, Liebstöckel, Kerbel und Basilikum
Basilikumblättchen zum Servieren

Für die Salatsauce:
1 mittelgroßer Apfel
4 EL Öl
2 TL Honig (vegan: Apfeldicksaft)
Pfeffer aus der Mühle

Das **Sauerkraut** in kleinen Portionen über einer Schüssel mit den Händen kräftig ausdrücken und den Saft beiseitestellen. Das Kraut fein schneiden. Die **Schalotten** schälen und klein würfeln. Die **Karotten** putzen, unter fließendem Wasser bürsten, dann klein raspeln. Die **Ananas** schälen und etwa 180 g Fruchtfleisch in Würfel schneiden. Die **Paprikaschoten** waschen, putzen und in feine Streifen schneiden. Einige rote und grüne Streifen zum Garnieren beiseitelegen.
Die **Kräuter** waschen, trocken schütteln und die Blätter grob zerkleinern. Zusammen mit Sauerkraut, Gemüse und Ananas in die Schüssel geben und gründlich vermengen.
Für die Salatsauce den **Apfel** waschen und mit Schale über dem ausgepressten Sauerkrautsaft klein raspeln. Mit **Öl**, **Honig** und **Pfeffer** verrühren.
Zum Schluss die Sauce über den Salat geben. Übrige Paprikastreifen und **Basilikumblättchen** darüberstreuen und servieren.

Rotkohlsalat mit Orangen

Für 4 Personen

Für den Salat:

1 kleiner Rotkohl (Blaukraut)
2 Orangen zum Filetieren
30 g Sesamsamen
4 Lauchzwiebeln

Für die Salatsauce:

3 Bio-Orangen
1 walnussgroßes Stück frischer Ingwer
1 kleine rote Chilischote
2 EL Zitronensaft
2 EL Sojasauce Bio Tamari
4 EL flüssiger Honig (vegan: Reissirup)
5 EL Walnussöl

Die äußeren Blätter des **Rotkohls** entfernen, den Rest vierteln und den Strunk herauslösen. Den Kohl in dünne Streifen schneiden und anschließend mit den Händen kräftig drücken, um sie weicher und geschmeidiger zu machen.
Für die Salatsauce eine der **Orangen** heiß abwaschen und abtrocknen, dann die Schale fein reiben. Alle 3 Orangen auspressen. Den **Ingwer** schälen, die **Chilischote** waschen, putzen und entkernen, dann beides klein hacken. Orangenschale, Orangen- und **Zitronensaft**, Ingwer, Chili, **Sojasauce** und **Honig** mit dem **Öl** zu einer Sauce verrühren und über die Rotkohlstreifen gießen. Gut mischen und 30–40 Minuten ziehen lassen.
Zum Filetieren mit einem scharfen Messer die Schale der **Orangen** vom Fruchtfleisch trennen und die Orangenfilets zwischen den Trennhäuten herausschneiden. Die **Sesamsamen** in einer Pfanne ohne Fett rösten, bis sie duften. Die **mözwiebeln** waschen, putzen und in feine Ringe schneiden.
Zum Servieren den Rotkohlsalat mit den Orangen auf einer Platte anrichten und Zwiebelringe und Sesam darüberstreuen. Dazu schmeckt frisches Baguette.

Wurzel-Potpourri auf Brezenknödelteig mit Kartoffel-Meerrettichkruste

Für 4 Personen

Für den Brezenknödelteig:
5 Vollkornbrezen vom Vortag
400 ml Gemüsebrühe
60 g Butter (vegan: Alsan Bio)
2 Schalotten
2 Eier (vegan: Natura Ei-Ersatz)
2 TL Kräuterpulver (s. S. 127)
Pfeffer aus der Mühle

Für die Füllung:
60 g Butter (vegan: Alsan Bio)
2 Knoblauchzehen
1 kg Wurzelgemüse, z. B. Pastinake, Petersilienwurzel, Schwarzwurzel, Karotte, Knollensellerie, Batate
125 ml Gemüsebrühe
frisch geriebene Muskatnuss
Meersalz und Pfeffer
1 Bund Petersilie
4 grüne Salatblätter

Für die Kruste:
2 kleine Kartoffeln
50 g Meerrettichwurzel
Pflanzenöl zum Bestreichen

Außerdem:
Springform (24 cm Ø)
Fett für die Form

Für den Teig die **Brezen** klein schneiden. Die **Gemüsebrühe** aufkochen, über die Brezenstückchen gießen und abgedeckt 15 Minuten quellen lassen. Den Backofen auf 170 °C (Umluft) vorheizen. Die **Butter** erhitzen, die **Schalotten** schälen, klein würfeln und goldgelb braten. Schalotten, **Eier** und **Kräuterpulver** unter die abgekühlte Brezenmasse kneten. Mit **Pfeffer** würzen. Die Springform einfetten und den Teig darin verteilen, dabei einen 3 cm hohen Rand ziehen. Etwa 20 Minuten im Ofen vorbacken. Wenn er sich hebt, den Teigboden mit einer Gabel mehrmals einstechen. Die Form mit Backpapier bedecken und weitere 10 Minuten backen, anschließend warm halten.

Für die Füllung die **Butter** erhitzen, den **Knoblauch** schälen, fein hacken und goldgelb braten. Das **Gemüse** putzen, waschen und schälen. In etwa 2 cm große Würfel schneiden und kurz mitbraten. Die **Brühe** angießen und mit **Muskatnuss**, **Salz** und **Pfeffer** abschmecken. Das Gemüse zugedeckt 10 Minuten bei geringer Hitze garen lassen. Die **Petersilie** waschen, trocken schütteln, fein hacken und unterrühren. Den Grill des Backofens zuschalten und die Temperatur auf 220 °C erhöhen. Den **Salat** waschen, trocken schütteln und dickere Rippen entfernen, dann die Blätter auf den Brezenboden legen. Das Gemüse gut abtropfen lassen und gleichmäßig auf dem Salat verteilen.

Für die Kruste **Kartoffeln** und **Meerrettich** schälen, raspeln, auf dem Gemüse verteilen und mit **Öl** bestreichen. Die Form mittig in den Ofen schieben und ca. 10 Minuten backen, bis die Kartoffeln dunkle Spitzen bekommen. Dazu schmeckt ein grüner Salat.

Grünkohl mit Quinoa-Küchle

Für 4 Personen

Für das Kohlgemüse:

1 kg Grünkohl
2 Schalotten
1 Knoblauchzehe
4 EL kalt gepresstes Sonnenblumenöl
Pfeffer aus der Mühle
frisch geriebene Muskatnuss
150 ml Gemüsebrühe
5 EL Sojasauce Bio Tamari
1 EL Schmand (vegan: Soyananda Sauerrahm)
50 g Kürbiskerne

Für die Quinoa-Küchle (ergibt 12 Stück):

400 ml Gemüsebrühe
200 g gepuffte Quinoa
2 Schalotten
2 EL kalt gepresstes Sonnenblumenöl, plus etwas mehr zum Bestreichen
100 g Walnusskerne
2 Stängel Petersilie
100 g Ziegenfrischkäse (vegan: No-Muh Melty)
2 Eier (vegan: Natura Ei-Ersatz)
Kräutersalz
Pfeffer aus der Mühle

Für das Kohlgemüse die äußeren Blätter des **Grünkohls** entfernen, die restlichen Blätter gut waschen und trocken schütteln. Die dickeren Rippen herausschneiden. **Schalotten** und **Knoblauch** schälen und fein hacken. Das **Öl** in einer großen Pfanne erhitzen und die Schalotten goldgelb anbraten. Knoblauch und Grünkohl hinzufügen, mit **Pfeffer** und **Muskatnuss** würzen und unter Rühren 5 Minuten mitbraten. Die **Gemüsebrühe** mit **Sojasauce** mischen und über den Kohl gießen. Abgedeckt etwa 45 Minuten bei geringer Hitze köcheln lassen. Zum Schluss den **Schmand** unterrühren. Die **Kürbiskerne** in einer Pfanne ohne Fett rösten, bis sie duften.

Für die Quinoa-Küchle die **Brühe** aufkochen. Den Topf vom Herd nehmen, die **Quinoa** einrühren und abgedeckt etwa 30 Minuten quellen lassen. Den Backofen auf 180 °C (Umluft) vorheizen. Die **Schalotten** schälen und fein würfeln. Das **Öl** erhitzen und die Schalotten darin goldgelb anbraten. Die **Walnusskerne** in der Nussmühle oder im Mörser fein mahlen. Die **Petersilie** waschen, trocken schütteln und klein hacken. Den **Frischkäse** zerkrümeln und mit Quinoa, Schalotten, Walnüssen, Petersilie und **Eiern** zu einem geschmeidigen Teig verarbeiten. Mit **Salz** und **Pfeffer** würzen. Aus dem Teig mit angefeuchteten Händen 12 Küchle formen und auf ein mit Backpapier ausgelegtes Backblech legen. Mit Öl dünn bestreichen, auf mittlerer Ebene in den heißen Ofen schieben und die Küchle 10–15 Minuten hell backen. Mit der Backschaufel wenden, erneut mit etwas Öl bestreichen und in weiteren 15 Minuten fertig backen.

Den Grünkohl mit den Quinoa-Küchle auf vier vorgewärmte Teller anrichten, die Kürbiskerne darüberstreuen und servieren.

Blaues Wunder und weiße Puffer

Für 4 Personen

Für das blaue Wunder:
1 kleiner Kopf Blaukraut (Rotkohl)
Meersalz
200 g Backpflaumen
12 Gewürznelken
3 säuerliche Äpfel
1 Zitrone
Pfeffer aus der Mühle
150 g Butter (vegan: Alsan Bio)
200 g Zwiebeln
6 EL Rotwein
Chilisalz

Für die weißen Puffer:
750 g Kloßteig »halb und halb« (aus der Packung oder selbst gemacht, s. S. 128)
Sonnenblumenöl zum Bestreichen
3 Backpflaumen

Außerdem:
Fett für das Blech

Für das blaue Wunder die äußeren Blätter des **Blaukrauts** entfernen, den Kopf vierteln und den Strunk herausschneiden. Die Viertel in feine Streifen hobeln, in eine Schüssel geben und **salzen.** Die **Backpflaumen** grob würfeln und zusammen mit den **Nelken** unter das Kraut mischen. Die **Äpfel** waschen, das Kernhaus ausstechen und mit Schale grob raspeln. Die **Zitrone** auspressen, die Äpfel mit dem Zitronensaft beträufeln und mit dem Kraut vermengen. Die Krautmischung salzen und **pfeffern**. Die **Butter** in einem Topf erhitzen. Die **Zwiebeln** schälen, in dünne Spalten schneiden und in der Butter goldgelb anbraten. Mit dem **Wein** ablöschen. Etwa ein Drittel der Krautmischung in den Topf geben und mit der Zwiebel-Rotweinsauce vermengen. Anschließend den Rest des Gemüses hinzufügen und nochmals sorgfältig mischen. Das Kraut bei mittlerer Hitze etwa 20 Minuten im geschlossenen Topf dünsten. Bei Bedarf esslöffelweise Wasser hinzufügen.
Inzwischen für die weißen Puffer den Backofen auf 180 °C (Umluft) vorheizen. Ein Backblech einfetten. Aus dem **Kloßteig** 12 Puffer formen und auf das Blech legen. Die Puffer mit **Öl** einpinseln und 10 Minuten auf mittlerer Ebene backen. Inzwischen die **Backpflaumen** in kleine Würfel schneiden. Das Blech herausnehmen, die Puffer wenden, die Pflaumenwürfel auf ihnen verteilen und andrücken. Nochmals dünn mit Öl bestreichen und weitere 10 Minuten backen.
Das Blaukraut mit **Chilisalz** und Pfeffer abschmecken und zu den Puffern servieren.

Rosenkohl mit Cognac-Sahnehaube und Tagliatelle

Für 4 Personen

320 g Tagliatelle
Salz
10 g weiche Butter (vegan: Alsan Bio)

Für das Rosenkohlgemüse:
1 Gemüsezwiebel
40 g Butter (vegan: Alsan Bio)
900 g Rosenkohl
300 g Kartoffeln
2 TL edelsüßes Paprikapulver
frisch geriebene Muskatnuss
Meersalz
Pfeffer aus der Mühle
125 ml Gemüsebrühe, plus mehr bei Bedarf
Petersilienblättchen zum Servieren

Für die Cognac-Sahnehaube:
200 g Sahne (vegan: Dinkelsahne plus Sahnesteif)
1 EL zuckerarmer Tomatenketchup (aus dem Bioladen)
1 Prise Chilipfeffer
2 EL Cognac
100 g geriebener Parmesan (vegan: Veggie Grattugiato)

Die **Tagliatelle** nach Packungsanweisung in **Salzwasser** bissfest garen, abgießen und die **Butter** unterrühren.
Für das Gemüse die **Zwiebel** schälen und in feine Scheiben schneiden. Die **Butter** in einem flachen Bräter erhitzen und die Zwiebel darin anschwitzen.
Den **Rosenkohl** waschen und putzen. Die **Kartoffeln** schälen, waschen und in Scheiben schneiden. Rosenkohl und Kartoffeln zur Zwiebel geben und unter Rühren kurz mitbraten. Das Gemüse mit den **Gewürzen** bestreuen und gut **salzen** und **pfeffern**. Die **Brühe** angießen und alles etwa 15 Minuten bei mittlerer Hitze und geschlossenem Deckel schmoren. Gelegentlich den Bratensatz vom Boden aufrühren. Bei Bedarf noch etwas Brühe oder Wasser zufügen.
Den Backofen auf 180 °C (Umluft plus Grill) vorheizen.
Für die Sahnehaube die **Sahne** aufschlagen. **Ketchup**, **Chilipfeffer**, **Cognac** und **Käse** vermischen und unter die Sahne rühren. Die Masse über die Gemüsemischung geben und im Ofen direkt unter dem Grill 5–8 Minuten goldgelb überbacken.
Die Tagliatelle mit dem Gemüse auf vier vorgewärmte Teller anrichten, **Petersilienblättchen** darüberstreuen und servieren.

Pastinaken-Birnen-Tarte mit Feta

Für 4 Personen

- 2 Platten TK-Blätterteig (etwa 22 x 10 cm)
- 3 Stängel Oregano
- 2 EL Zitronensaft
- 1 EL Honig (vegan: Ahornsirup)
- 1 EL milder Senf
- Salz und Pfeffer aus der Mühle
- 100 g Vantastic Foods Veggie Räucherspeck oder Veggie Salami
- 1 Pastinake
- 1 reife Birne
- 100 g Feta (vegan: No-Muh Melty, zerkrümelt und mehrere Stunden in Olivenöl, Kräutersalz, Essig und Pfeffer eingelegt)
- 50 g Schmand (vegan: Soyananda Sauerrahm)

Außerdem:

- Tarteform (24 cm Ø)
- Butter für die Form
- Mehl für die Arbeitsfläche

Den Backofen auf 180 °C (Umluft) vorheizen.
Die **Blätterteigplatten** nebeneinanderlegen und auftauen lassen. Den **Oregano** waschen, trocken schütteln und die Blättchen von den Stielen zupfen. **Zitronensaft**, **Honig**, **Senf** und Oreganoblättchen zu einer Sauce vermischen und mit **Salz** und **Pfeffer** pikant abschmecken. Die Tarteform dünn mit Butter ausfetten. Die Blätterteigplatten aufeinanderlegen und auf einer mehlbestäubten Arbeitsfläche passend für die Form ausrollen, wenn nötig zurechtschneiden, und hineinlegen. Den Rand etwas andrücken. Den **Veggie Räucherspeck** fein würfeln. Die **Pastinake** putzen und schälen, dann halbieren und in feine Spalten schneiden. Die **Birne** ebenfalls waschen, putzen, entkernen und in dünne Spalten schneiden. Den **Feta** zerkrümeln, mit **Schmand** vermischen und auf dem Blätterteig verteilen. Den Räucherspeck gleichmäßig darüberstreuen. Abwechselnd Pastinaken- und Birnenspalten kreisförmig darüberlegen und mit der Hälfte der Sauce bestreichen. Im Ofen auf der untersten Schiene 20 Minuten backen. Dann den Grill zuschalten und auf der obersten Schiene etwa 2 Minuten goldbraun weiterbacken.
Die Pastinaken-Birnen-Tarte mit der restlichen Sauce beträufeln und servieren. Dazu schmeckt ein bunter Blattsalat.

Sauerkraut und Erbsotto mit Maronen-Gewürzküchle

Für 4 Personen

Für 12 Gewürzküchle:
400 g gekochte Maronen
2 EL Nussöl
200 g gepuffter Buchweizen
400 ml Gemüsebrühe
4 EL Sesamöl, plus etwas mehr zum Bestreichen
2 Schalotten
1 Knoblauchzehe
2 TL Kräuterpulver (s. S. 127)
2 TL edelsüßes Paprikapulver
2 Eier (vegan: Natura Ei-Ersatz)
Salz und Pfeffer aus der Mühle
Dinkelmehl, bei Bedarf

Für das Sauerkraut:
60 g Butter (vegan: Alsan Bio)
1 große rote Zwiebel
500 g Sauerkraut (vom Fass oder selbst gemacht, s. S. 127)
Pfeffer aus der Mühle

Für das Erbsotto:
400 ml Gemüsebrühe
300 g gelbe Trockenerbsen (über Nacht in Wasser eingeweicht)
2 TL Rauchsalz Old Hickory
1 EL Schmand (vegan: Soyananda Sauerrahm)

Für die Gewürzküchle die **Maronen** sehr klein hacken und mit dem **Nussöl** zerdrücken. Den **Buchweizen** in eine Schüssel geben, die **Gemüsebrühe** aufkochen und darübergießen. Zugedeckt etwa 30 Minuten quellen lassen. Den Backofen auf 180 °C (Umluft) vorheizen. Das **Sesamöl** in einer Pfanne erhitzen. **Schalotten** und **Knoblauch** schälen, klein hacken und im heißen Öl goldgelb braten. Maronen, Pfanneninhalt, **Kräuter-** und **Paprikapulver** sowie **Eier** mit der Buchweizenmasse zu einem nicht zu weichen Teig verarbeiten und mit **Salz** und **Pfeffer** abschmecken. Je nach Konsistenz noch etwas **Mehl** oder Wasser hinzufügen. Mit angefeuchteten Händen 12 Küchle formen, auf ein mit Backpapier ausgelegtes Backblech legen und dünn mit Öl bestreichen. Auf mittlerer Ebene in den Ofen schieben und 10–15 Minuten hell backen. Mit der Backschaufel wenden, nochmals mit Öl einstreichen und weitere 15 Minuten backen.

Für das Sauerkraut die **Butter** erhitzen. Die **Zwiebel** schälen, in dünne Spalten schneiden und in der Butter nur kurz andünsten, damit sie die Farbe behält. Mit 100 ml Wasser ablöschen. Das **Sauerkraut** hinzufügen und unter Rühren kurz erhitzen – nicht kochen, um die wertvollen Inhaltsstoffe zu erhalten. Mit **Pfeffer** abschmecken.

Für das Erbsotto die **Gemüsebrühe** aufkochen. Die **Erbsen** abbrausen und zusammen mit dem **Rauchsalz** in die Brühe geben. Abgedeckt bei geringer Hitze etwa 30 Minuten köcheln. Sobald das Erbsotto eindickt, den **Schmand** unterrühren.

Sauerkraut und Erbsotto mit den Maronen-Gewürzküchle auf einer Platte anrichten. Die Zwiebel darüber verteilen und servieren.

Rote Bete mit Feuerbohnen und Blutorangen

Für 4 Personen

1 l Gemüsebrühe
6 Gewürznelken
4 Kardamomkapseln
1 Zimtstange
250 g Feuerbohnen (über Nacht in Wasser eingeweicht)
800 g Rote Bete
2 EL Butter (vegan: Alsan Bio)
1 rote Zwiebel
2 Knoblauchzehen
1 walnussgroßes Stück frischer Ingwer
Salz und Pfeffer aus der Mühle
3 Blutorangen
3 Stängel Koriandergrün
1 EL Schmand (vegan Soyananda Sauerrahm)

Außerdem:
Tee-Ei

In einem großen Topf die **Gemüsebrühe** erhitzen, das Tee-Ei mit den **Gewürzen** füllen und hineingeben. Die eingeweichten **Bohnen** zufügen und etwa 1 Stunde auf mittlerer Stufe weichkochen. Inzwischen die **Rote Bete** waschen, schälen und in 2 cm große Würfel schneiden. Die **Butter** in einer Pfanne erhitzen, **Zwiebel**, **Knoblauch** und **Ingwer** schälen. Die Zwiebel in feine Spalten schneiden, Knoblauch und Ingwer klein würfeln und in der heißen Butter anschwitzen. Die Rote Bete hinzufügen und alles **salzen** und **pfeffern**. Eine der **Orangen** auspressen und den Saft dazugeben. Alles bei geringer Hitze zugedeckt 10–15 Minuten weich garen. Inzwischen die beiden anderen Orangen filetieren. Dafür die Schale mit einem scharfen Messer vom Fruchtfleisch trennen und die Orangenfilets zwischen den Trennhäuten herausschneiden. Das **Koriandergrün** waschen und trocken schütteln. Die Blättchen abzupfen und einen Teil davon beiseitelegen. Den Rest klein hacken und zusammen mit den Orangenfilets zur Roten Bete geben. Die Bohnen abgießen und mit dem Gemüse vermischen. Den **Schmand** unterrühren und nochmals mit Salz und Pfeffer abschmecken.
Das Gemüse in einer Gemüseterrine mit den restlichen Korianderblättchen garnieren und servieren.

Schwarzwurzel-Kartoffel-Kasserolle

Für 4 Personen

900 g Schwarzwurzeln
Obstessig
700 g Kartoffeln
1 walnussgroßes Stück frischer Ingwer
1 Zitrone
¾–1 l Gemüsebrühe
1–2 TL schwarze Pfefferkörner
1 Bund Petersilie
40 g Butter (vegan: Alsan Bio)
3–4 TL Dinkelvollkornmehl
80 g Walnusskerne
Kräutersalz
Pfeffer aus der Mühle
100 g Emmentaler in Scheiben (vegan: Wilmersburger Scheiben classic)
roter Pfeffer zum Bestäuben

Die **Schwarzwurzeln** schälen, in mundgerechte Stücke schneiden und sofort in eine Schüssel mit **Essigwasser** legen. Die **Kartoffeln** schälen, grob würfeln und zu den Schwarzwurzeln geben. Den **Ingwer** schälen und klein würfeln. Die **Zitrone** auspressen. Die **Gemüsebrühe** mit Ingwer, 1 EL Zitronensaft und **Pfefferkörnern** in einer Kasserolle zum Kochen bringen. Schwarzwurzeln und Kartoffeln abgießen, hinzufügen und abgedeckt etwa 20 Minuten köcheln. Die **Petersilie** waschen und trocken schütteln. Die Blätter fein hacken und unter das Gemüse mischen. Die **Butter** in einem kleinen Topf zerlassen, das **Mehl** darin anschwitzen. Mit reichlich Brühe aus dem Gemüsetopf aufgießen und zu einem klumpenfreien Brei verrühren. Die Mehlschwitze unter das Gemüse rühren. Die **Walnusskerne** in einer Pfanne ohne Fett rösten, bis sie duften, dann ebenfalls hinzufügen. Mit **Salz**, **Pfeffer** und Zitronensaft pikant abschmecken. Den Backofengrill auf 250 °C einschalten. Die **Käsescheiben** auf dem Gemüse verteilen und die Kasserolle direkt unter dem Grill einschieben.
Den Käse etwa 5 Minuten schmelzen lassen, dann alles mit **rotem Pfeffer** bestäuben und das Schwarzwurzel-Kartoffel-Gemüse aus der Kasserolle heraus servieren.

Topinambur-Krautwickel auf Pilzragout

Topinamburknollen strotzen nur so vor Vitaminen und Mineralien und weisen besondere Vorteile für Diabetiker auf: Der Verzehr lässt den Blutzuckerspiegel kaum ansteigen.

Für 4 Personen

Für die Krautwickel:
8 Spitzkohlblätter
800 g Topinambur
2 Schalotten
120 ml Gemüsebrühe
200 g Lupinengeschnetzeltes
40 g gepuffter Amaranth
4–5 TL Kräuterpulver (s. S. 127)
2 Eier (vegan: Natura Ei-Ersatz)
2 TL edelsüßes Paprikapulver
Salz und Pfeffer aus der Mühle

Für das Pilzragout:
700 g Pfifferlinge oder Zuchtpilze
2 Schalotten
1 große gelbe Paprikaschote
3 EL extra natives Olivenöl
2 TL edelsüßes Paprikapulver
1 Bund Petersilie
150 ml Weißwein
200 g Schmand (vegan: Soyananda Sauerrahm)
1 TL Senf
Salz und Pfeffer aus der Mühle

Außerdem:
Auflaufform (20 x 25 cm)
Fett für die Form

Für die Krautwickel die **Spitzkohlblätter** 3 Minuten lang in kochendes Wasser geben, dann in einer Schüssel mit Eiswasser abschrecken. Die Blätter auf Küchenpapier legen und trocken tupfen. Den **Topinambur** unter fließendem Wasser gründlich abbürsten. Die **Schalotten** schälen und zusammen mit dem Topinambur grob raspeln. Die **Brühe** erhitzen. Das **Lupinengeschnetzelte** in kleine Würfel schneiden. Den **Amaranth** in die heiße Brühe rühren. Topinambur, Schalotten, Lupinengeschnetzeltes, Amaranthbrei, **Kräuterpulver** und **Eier** zu einem weichen Teig vermengen. Mit **Paprikapulver**, **Salz** und **Pfeffer** pikant abschmecken. Den Backofen auf 180 °C (Umluft) vorheizen. Die Auflaufform einfetten. Den Teig in 8 Portionen teilen und in die Kohlblätter einrollen. Die Krautwickel in die Form legen und im Ofen auf mittlerer Schiene etwa 30 Minuten backen.
Für das Pilzragout die **Pfifferlinge** putzen, dann der Länge nach halbieren. (Zuchtpilze in nicht zu kleine Scheiben schneiden.) Die **Schalotten** schälen und in feine Spalten schneiden. Die **Paprikaschote** waschen, putzen und klein würfeln. Das **Öl** erhitzen und die Schalotten darin goldgelb anbraten. Pilze und Paprikawürfel hinzufügen, mit **Paprikapulver** bestreuen und etwa 5 Minuten bei geringer Hitze abgedeckt mitbraten. Die **Petersilie** waschen, trocken schütteln, die Blätter abzupfen und fein hacken. Die Pilze mit dem **Wein** ablöschen und kurz aufkochen lassen. **Schmand** und Petersilie unterrühren und mit **Senf, Salz** und **Pfeffer** abschmecken.
Das Pilzragout über die gebackenen Krautwickel gießen und in der Form heiß servieren.

Bratäpfel mit Marzipan und Grand Marnier

Für 4 Personen

4 große säuerliche Äpfel,
z. B. Boskop
Zitronensaft
50 g Walnusskerne
150 g Rohmarzipan
40 g Sahne (vegan: Hafersahne)
je ½ TL gemahlener Zimt und Anis
4 cl Grand Marnier

Den Backofen auf 180 °C (Umluft) vorheizen. Die **Äpfel** waschen, die Deckel abschneiden und mit dem Apfelausstecher die Kerngehäuse entfernen. Von den Kerngehäusen jeweils den Blütenansatz abschneiden und den Apfelboden damit wieder verschließen. Mit einem kleinen Kugelausstecher die Höhlen kegelförmig erweitern, anschließend mit **Zitronensaft** ausschwenken. Die **Walnusskerne** hacken, das **Marzipan** zerkleinern und beides mit **Sahne**, **Zimt** und **Anis** verkneten und in die Äpfel füllen. Die Äpfel wieder bedecken und auf ein Backblech setzen. In den Ofen auf die zweite Schiene von unten einschieben und 25 Minuten braten.

Die Äpfel auf vier vorgewärmte Teller setzen und die heißen Deckel vorsichtig mit zwei Löffeln abheben. Jeden Apfel mit 1 cl **Grand Marnier** übergießen, Deckel wieder aufsetzen und servieren.

Karamellisierte Birnen mit Schokosauce

Für 4 Personen

Für die Birnen:
4 Birnen, z. B. Williams Christ
40 g Butter (vegan: Alsan Bio)
1 EL Honig (vegan: Birnendicksaft)
1 Orange
2 TL Rum (56 %)
Minzeblättchen zum Servieren

Für die Schokosauce:
80 g Zartbitterkuvertüre
100 g Sahne (vegan: Dinkelsahne)
100 ml Milch (vegan: Dinkelmilch)
2 EL Kakaopulver
2 EL Honig (vegan: Birnendicksaft)
1 TL gemahlener Zimt
¼ Vanilleschote

Die **Birnen** waschen, vierteln, schälen und das Kernhaus entfernen. Die **Butter** in einer Pfanne zerlassen und den **Honig** darin schmelzen. Sobald der Honig zu karamellisieren beginnt, die Birnenstücke hinzugeben und unter ständigem Wenden karamellisieren. Die **Orange** auspressen. Wenn der Honig dunkler wird, **Rum** und Orangensaft hinzugießen und unter Rühren die Sauce leicht eindicken lassen. Die Birnen auf vier vorgewärmte Dessertteller verteilen und warm stellen.
Für die Schokosauce die **Kuvertüre** mit einem scharfen Messer klein hacken. **Sahne** und **Milch** mit **Kakaopulver**, **Honig**, **Zimt** und **Vanilleschote** aufkochen. Dann die zerkleinerte Kuvertüre in die heiße Flüssigkeit einrühren.
Sobald die Kuvertüre sich aufgelöst hat, die Sauce durch ein Sieb passieren und über die Birnen gießen. Mit **Minzeblättchen** garnieren und servieren.

Rum-Pflaumen mit Zimt-Sahnepudding

Für 4 Personen

Für die Rum-Pflaumen:
500 g Backpflaumen
150 ml Rum (56 %)
1 Stange Zimt
1 EL Honig (vegan: Agavendicksaft)

Für den Zimt-Sahnepudding:
250 ml Milch (vegan: Dinkelmilch)
45 g Speisestärke
250 g Sahne (vegan: Dinkelsahne)
1–2 EL Honig (vegan: Agavendicksaft)
1 TL gemahlener Zimt, plus etwas mehr zum Bestäuben

Die **Pflaumen** bereits am Vortag in **Rum** einlegen. Dazu die Pflaumen kalt abspülen, abtropfen lassen und in einem Behälter mit dem Rum begießen. Den Behälter dicht verschließen und die Pflaumen mindestens 12 Stunden ziehen lassen, dabei ab und zu schwenken, damit alle Pflaumen vom Rum durchdrungen werden.
Am nächsten Tag die Pflaumen mitsamt Restalkohol in einen Topf geben, 200 ml Wasser aufgießen, **Zimtstange** und **Honig** zufügen und etwa 1 Stunde köcheln lassen. Der Alkohol verflüchtigt sich dabei weitgehend.
Für den Pudding von der **Milch** 5 EL abnehmen und mit der **Speisestärke** verquirlen. Die restliche Milch in einem Topf mit **Sahne**, **Honig** und **Zimt** aufkochen, dann vom Herd nehmen. Die angerührte Stärke mit dem Schneebesen unterrühren und noch einmal aufkochen. In vier mit kaltem Wasser ausgespülte Puddingförmchen füllen und kalt stellen.
Zum Anrichten die Puddings auf vier flache Teller stürzen, mit etwas Zimt bestäuben und die Rum-Pflaumen dazu servieren.

Grundrezepte

Ei-Ersatzpulver (Natura Ei-Ersatz)

In Reformhäusern und Bioläden gibt es fertige Bindemittel, die aus Lupinenmehl oder Maisstärke bestehen. Dieses Ei-Ersatzpulver muss nur noch mit etwas Wasser verrührt werden. Dabei entspricht 1 TL **Ei-Ersatz** plus 40 ml Wasser einem Ei. Da das Pulver neutral im Geschmack ist, eignet es sich sowohl für süße als auch für herzhafte Gerichte.

Sauerkraut

Selbst gemachtes Sauerkraut ist eine Delikatesse und hält jedem Vergleich mit Sauerkraut vom Fass stand. Es ist ohne viel Mühe und großen Zeitaufwand im Nu angesetzt.

1 ½ kg Weißkraut
1 ½ TL Salz
15 Wacholderbeeren
3 Lorbeerblätter

Die unansehnlichen äußeren Blätter des **Krautkopfes** und den harten Strunk entfernen, dann das Kraut in der Küchenmaschine fein schneiden und in einer Schüssel mit **Salz** vermischen. Das Kraut mit den Fäusten kräftig stampfen oder mit den Fingern zerdrücken, damit es geschmeidiger wird. Sobald das Kraut weich und saftig ist, **Wacholderbeeren** und **Lorbeerblätter** hinzugeben und die Mischung in einen schlanken Topf füllen. Mit einem Teller abdecken und diesen mit einem Gegenstand beschweren.

Gärungszeit: 1 Woche bei ca. 22 °C Zimmertemperatur oder 2 Wochen bei ca. 15 °C Kellertemperatur. Das verzehrfertige Sauerkraut lässt sich mehrere Monate lang kühl aufbewahren.

Gemüsebrühpulver

Gemüsebrühpulver selbst herzustellen lohnt sich. Es braucht nicht viel Zeit und man kann sich darauf verlassen, dass es aus guten Zutaten besteht.

280 g Gemüsezwiebeln
2–4 Knoblauchzehen (nach Belieben)
200 g Karotten
150 g Staudensellerie
100 g Lauch
1 Bund Petersilie
1 Bund Liebstöckel
130 g Meersalz

Gemüse und **Kräuter** putzen, bei Bedarf schälen und waschen, und ohne Salz im Mixer portionsweise sehr fein häckseln. Anschließend das **Salz** gründlich unter den Gemüsebrei rühren. Zwei Backbleche mit Backpapier auslegen und den Brei dünn aufstreichen. Im Backofen bei 90 °C (Umluft) 5–6 Stunden dörren, bis der Gemüsebrei vollständig ausgetrocknet ist. Die Masse im Mixer zu Pulver verarbeiten und in ein Schraubglas füllen. Das Salz konserviert das Pulver und macht es etwa ein Jahr haltbar. 1 TL Gemüsebrühpulver reicht für ca. 250 ml Wasser.

Kräuterpulver

Wenn gerade keine frischen Kräuter zur Hand sind, oder wenn es besonders schnell gehen muss, kommt unser Vorrat an selbst gemixtem Kräuterpulver zum Einsatz, hergestellt aus getrockneten und gerebelten Kräutern: Einfach jeweils 2 EL **Basilikum**, **Borretsch**, **Estragon**, **Kerbel**, **Liebstöckel**, **Ysop** und **Petersilie** sowie je 1 EL **Majoran**, **Oregano**,

Rosmarin, **Thymian**, **Bockshornklee** und **Salbei** sowie **Knoblauchrauke** in einem Mixbecher zu feinem Pulver verrühren.
Im Schraubglas aufbewahrt behält die Mischung monatelang ihr feines Aroma.

Kartoffelklöße »halb und halb«

Teig für 8 Klöße aus mehlig kochenden Kartoffeln:
400 g gegarte Kartoffeln vom Vortag
400 g rohe Kartoffeln
2 Eier (vegan: z. B. Natura Ei-Ersatz)
Salz
frisch gemahlene Muskatnuss (nach Belieben)
4 Scheiben Vollkorntoast
2 EL kalt gepresstes Sonnenblumenöl
Mehl für die Arbeitsfläche

Die **gekochten Kartoffeln** schälen und durch die Kartoffelpresse drücken. Eine kleine Schüssel mit einem Tuch auslegen, die **rohen Kartoffeln** schälen und in die Schüssel reiben. Das Tuch über der Schüssel kräftig auspressen. Den Saft ruhen lassen, bis sich die Stärke abgesetzt hat. Anschließend den klaren Saft abgießen. Gekochte und rohe Kartoffeln mit den **Eiern** und der abgesetzten Stärke zu einem glatten Teig vermengen und mit 1–2 TL **Salz** und nach Belieben mit **Muskatnuss** abschmecken. Den Teig etwa eine halbe Stunde lang kühl stellen.
Inzwischen die Brotscheiben goldgelb toasten und klein würfeln. Das Öl in einer Pfanne erhitzen, die Brotwürfel hineingeben und unter Rühren hellbraun rösten. Auf Küchenpapier abkühlen lassen.
Den Teig auf einer **bemehlten** Arbeitsfläche zu einer Rolle formen, in acht Stücke schneiden und zu Klößen formen, dabei die Brotwürfel jeweils in die Mitte einarbeiten. Die Klöße in kochendes Salzwasser einlegen, die Temperatur reduzieren und bei schwacher Hitze (das Wasser darf nicht kochen) in 25 Minuten gar ziehen lassen.

Basilikumpesto

60 g Pinienkerne
50 g Pecorino (vegan: No-Muh Golden)
50 g Parmesan (vegan: Pural Cheezly Hard Italian)
4 Knoblauchzehen
5 Bund Basilikum
150 ml extra natives Olivenöl, plus mehr zum Auffüllen

Die **Pinienkerne** in einer Pfanne ohne Fett rösten, bis sie duften. Beide **Käsesorten** fein reiben, den **Knoblauch** schälen und klein hacken. Das **Basilikum** waschen und trocken schütteln, dann locker in ein Küchentuch rollen und nochmals schleudern. Die Blättchen mit ihren zarten Stielen abzupfen. Die abgekühlten Pinienkerne in der Nussmühle oder einem Mörser fein mahlen und zusammen mit Käse, Knoblauch, Basilikum und **Olivenöl** mit einem Handmixer vermischen. Das Pesto in ein Glas mit Schraubverschluss bis maximal 2 cm unter den Rand füllen. Mit Olivenöl bis knapp unter den Rand auffüllen und verschließen. Im Kühlschrank ist das Pesto 6 Wochen haltbar.

Tomatensauce

600 g reife Eiertomaten
1 kleine Karotte
2 EL kalt gepresstes Sonnenblumenöl
1 Schalotte
1 Knoblauchzehe
1–2 EL Tomatenmark
½ TL Sambal Oelek
je 2 Stängel Petersilie, Liebstöckel, Estragon und Basilikum
je 1 EL getrockneter Oregano und Majoran
1 EL edelsüßes Paprikapulver
½ TL Zimtpulver
1–2 TL Johannisbrotkernmehl, bei Bedarf
2 EL Schmand (vegan: z. B. Soyananda Sauerrahm)
1–2 TL Honig (vegan: z. B. Agavendicksaft)
Salz und Pfeffer aus der Mühle

Die **Tomaten** waschen und in kleine Würfel schneiden, dabei den Stielansatz entfernen. Die **Karotte** unter fließendem Wasser abbürsten, putzen und fein reiben. Das **Öl** in einem Topf erhitzen. **Schalotte** und **Knoblauch** schälen, würfeln und im Öl andünsten. Tomaten und Karotte zusammen mit **Tomatenmark** und **Sambal Oelek** unterrühren und bei geschlossenem Deckel 10 Minuten köcheln lassen. Die **Kräuter** abbrausen, trocken schütteln und die Blätter klein hacken. Kräuter und **Gewürze** in den Topf geben, alles gut mischen und kurz erhitzen, dann pürieren. Falls die Tomaten viel Wasser abgegeben haben, nach und nach etwas **Johannisbrotkernmehl** einstreuen, bis eine sämige Sauce entsteht. Zum Schluss den **Schmand** unterrühren und mit **Honig**, **Salz** und **Pfeffer** abschmecken.

Tortenguss

5 g (1 gehäufter TL) Agar-Agar
500 ml Fruchtsaft hell (Apfel, Birne o. a.)
oder
500 ml Fruchtsaft rot (Kirsche, Johannisbeere o. a.)

In einem kleinen Topf **Agar-Agar** mit einem Schneebesen unter den **Fruchtsaft** rühren und zum Kochen bringen. Nur kurz aufkochen, dann abkühlen lassen. Agar-Agar geliert bei 42 °C. Sobald das Gelee fest zu werden beginnt, noch warm über die Früchte gießen oder auf der Obsttorte verteilen.

Pudding

½ l Milch (vegan: z. B. Dinkelmilch)
45 g Speisestärke
1 Msp. Salz
½ Vanilleschote
2 Eigelb (vegan: 1 gestr. TL The Vegg veganes Eigelb)
ca. 30 g flüssiger Honig, alternativ 40 g Zucker

Einen Schüttelbecher zur Hälfte mit kalter **Milch** füllen, die **Speisestärke** hinzufügen, den Deckel aufsetzen und kräftig schütteln. (Alternativ die Speisestärke mit einem Schneebesen in etwas Milch einrühren.) Die restliche Milch mit etwas **Salz** in einen kleinen Topf geben. Die halbe **Vanilleschote** der Länge nach aufschneiden, das Mark herausschaben und mit der Schote in der Milch aufkochen. Die Schote herausnehmen, die aufgelöste Speisestärke und die **Eigelbe** unterrühren und nochmals unter Rühren kurz aufkochen. Den Topf vom Herd nehmen, den **Honig** unterrühren und den Pudding in vier kalt ausgespülte Förmchen gießen.

Vanillesauce

1 l Milch (vegan: z. B. Dinkelmilch)
40 g Speisestärke
1 Msp. Salz
1 Vanilleschote
2 Eigelb (vegan: 1 gestr. TL The Vegg veganes Eigelb)
50–60 g flüssiger Honig, alternativ 60–80 g Zucker

Für die Vanillesauce einen Schüttelbecher zur Hälfte mit kalter **Milch** füllen, die **Speisestärke** hinzufügen, den Deckel aufsetzen und kräftig schütteln. (Alternativ die Speisestärke mit einem Schneebesen in etwas Milch einrühren.) Die restliche Milch mit etwas **Salz** in einen kleinen Topf geben. Die **Vanilleschote** der Länge nach aufritzen, das Mark herausschaben und mit der Schote in der Milch aufkochen. Die Schote herausnehmen, die aufgelöste Speisestärke und die **Eigelbe** unterrühren und nochmals unter Rühren kurz aufkochen. Den Topf vom Herd nehmen, den **Honig** unterrühren und die Vanillesauce bis zum Verzehr abgedeckt warmhalten, dabei gelegentlich umrühren, damit sich keine Haut bildet.

Hofverkäufe

Die Öffnungszeiten vieler Verkaufsstellen sind von Saison und Ernte abhängig. Um sicherzugehen, jemanden vor Ort anzutreffen, ist eine vorherige telefonische Kontaktierung ratsam.

Gartenbau Thomas Drechsler

Almoshofer Hauptstr. 52,
90427 Nürnberg-Almoshof
Tel. 09 11/34 50 58
April–Juli Di, Do, u. Fr 9.00–13.00 Uhr und 15.00–18.00 Uhr, Mi u. Sa 9.00–13.00 Uhr
Neben Obst und Gemüse außerdem Nudeln, Eier

Bioland-Gärtnerei Schuster

Almoshofer Hauptstr. 91
90427 Nürnberg-Almoshof
Tel. 09 11/3 84 91 73
Im Gewächshaus Knoblauchsland 27 (Zufahrt über Marienbergstraße und Untere Stadtgasse): Mo, Mi u. Fr 10.00–12.00 und 15.00–17.00 Uhr
Marktplatz Erlangen: Di, Do u. Sa 8.00–14.00 Uhr

Gemüsebau Wolfgang Herrmann

Irrhainstr. 15
90427 Nürnberg-Almoshof
Tel. 09 11/34 51 43
Am Hauptmarkt Nürnberg tägl. 7.00–18.00 Uhr

Gemüsebau Hans Brunner

Hasengasse 2
90427 Nürnberg-Boxdorf
Tel. 09 11/30 22 47
Löbleinstr. 37: Di, Do, Fr und Sa 8.00–14.00 Uhr

Gemüsebau Drechsler Konrad

Steinacher Str. 13
90427 Nürnberg-Boxdorf
Tel. 09 11/30 28 43
Di 16.00–18.00 Uhr, Fr 15.00–18.00 Uhr, Sa 9.00–11.00 Uhr
Marktplatz Erlangen: Sa 7.00–13.00 Uhr

Gemüsebau Richard Meier

Braunsbacher Weg 23
90427 Nürnberg-Buch
Tel. 09 11/38 16 35
Hersbruck, Oberer Markt: Fr 8.00–14.00 Uhr
Röthenbach bei Lauf a. d. Pegnitz, Breite Straße: Sa 8.00–12.00 Uhr

Gemüse und Kräuter Meier

Braunsbacher Weg 5
90427 Nürnberg-Buch
Tel. 09 11/38 11 35
Mo u. Fr 16.30–18.00 Uhr
Altdorf, Ev. Kirche St. Blasius: Di 7.00–12.00 Uhr, sowie am Schlossplatz: So 7.00–12.00 Uhr
Cadolzburg, Feuerwehrhaus: Fr 10.30–15.30 Uhr
Feucht, Reichswaldhalle: Mi 7.00–12.30 Uhr
Pyrbaum, Rathaus: Fr 7.00–12.30 Uhr

Gemüsebau Heinz Huber

Baststr. 9
90427 Nürnberg-Buch
Tel. 09 11/38 16 09
Platnersberg, Erlenstegenstraße: April–Sep 8.00–17.00 Uhr und Okt–März 8.00–16.00 Uhr
Bauernfeindsiedlung, Kath. Kirche St. Willibald, Zengerstraße 12: Fr 8.00–12.00 Uhr
Langwasser, Bauernmarkt, Heinrich-Böll-Platz: Sa 8.00–12.00 Uhr

Obst und Gemüse Rudolf Engelhardt

Bucher Hauptstr. 94
90427 Nürnberg-Buch
Tel. 09 11/38 19 94
Hofverkauf nach tel. Vereinbarung
Am Hauptmarkt Nürnberg tägl. 7.00–18.00 Uhr

Spargelhof Horst Quergfelder

Seeweg 46
90427 Nürnberg-Buch
Tel. 09 11/38 16 44
Mai–Juni Mo–Do 16.00–18.00 Uhr,
Sa 15.00–18.00 Uhr sowie nach tel. Vereinbarung

Gemüsebau Hans Höfler

Baststr. 14
90427 Nürnberg-Buch
Tel. 09 11/38 12 94
Zur Spargelsaison Mo–Sa 11.00–19.00 Uhr,
So 10.00–12.00 Uhr sowie nach tel. Vereinbarung

Link Gemüse und Früchte

Am Wegfeld 21
90427 Nürnberg-Buch
Tel. Büro 09 11/38 11 84
Tel. Hofladen 09 11/30 03 98 50
Mo–Fr 8.00–18.00 Uhr, Sa 8.00–13.00 Uhr

Gemüsebaubetrieb Peter Lechner

Röthgasse 31
90427 Nürnberg-Buch
Tel. 09 11/38 15 47
Zur Spargelsaison Mo–Sa 18.00–20.00 Uhr,
So 11.00–14.00 Uhr sowie nach tel. Vereinbarung

Gemüsehof Beck

Lehrberger Str. 82
90431 Nürnberg-Gaismannshof
Tel. 09 11/31 52 39
Mo–Fr 7.30–12.30 und 17.00–18.30 Uhr,
Sa 7.30–12.30 Uhr

Obst und Gemüse Waltraud Düngfelder

Großreuther Str. 89
90425 Nürnberg-Großreuth
Tel. 09 11/35 30 45
Di, Do u. Fr 13.00–18.30 Uhr, Sa 8.00–13.00 Uhr

Obst und Gemüse Schweiger-Lehneis

Breitenäckerweg 17
90427 Nürnberg-Höfles
Tel. 09 11/38 12 73
Mo–Do 8.00–18.00 Uhr, Fr 8.00–16.00 Uhr

Bauernladen Bauer

Höfleser Hauptstr. 36
90427 Nürnberg-Höfles
Tel. 09 11/38 19 11
Mo–Sa 16.00–18.00 Uhr sowie nach tel. Vereinbarung

Gemüsebau Völkel

Sellerieweg 19
90427 Nürnberg-Höfles
Tel. 09 11/38 11 40
Hofverkauf nach tel. Vereinbarung

Blumenhaus und Gärtnerei Radloff

Höfleser Hauptstr. 5
90427 Nürnberg-Höfles
Tel. 09 11/38 19 69
Mo–Fr 8.00–18.00 Uhr, Sa 9.00–14.00 Uhr

Bauernladen Gerhard Zimmermann

Hans-Traut-Straße 21
90455 Nürnberg-Katzwang
Tel. 0 91 22/63 34 42
Eingang Ecke Penzendorfer Str./Johannes-Brahms-Str. Mi–Fr 9.00–18.00 Uhr, Sa 8.30–13.00 Uhr
Neben Obst und Gemüse außerdem Holzofenbrot, Rohmilchkäse, Bio-Ziegenkäse, Joghurt, Milch, Honig, Frankenwein, Bio-Eier, Säfte, Dinkelprodukte, Nudeln, Holunderprodukte, Speiseöle

Gemüsehof Kleinlein

Neunhofer Schulweg 1
90427 Nürnberg-Kraftshof
Tel. 09 11/9 36 75 00
Mo–Fr 8.30–18.00 Uhr, Sa 8.00–13.00 Uhr
(Mai–Juni Sa bis 16.00 Uhr)

Gemüseanbau Thomas Schneider

Kraftshofer Hauptstr. 208
90427 Nürnberg-Kraftshof
Tel. 09 11/30 61 20
Erlenstegen, Zapfengasse 4: Sa 8.00–12.00 Uhr

Bioland KräuterGut Dworschak-Fleischmann

Moosfeldweg 8
90427 Nürnberg-Kraftshof
Tel. 09 11/9 36 47 61
Mo–Fr 9.00–17.00 Uhr, Sa 8.00–14.00 Uhr

Fischers Gemüseladen

Obere Dorfstr. 38
90427 Nürnberg-Neunhof
Tel. 09 11/30 54 54
Mo, Di u. Do 9.00–13.00 und 15.00–18.00 Uhr,
Mi 9.00–13.00 Uhr, Fr 9.00–18.00 Uhr,
Sa 8.00–13.00 Uhr

Gemüsescheune Schwarz

Obere Dorfstr. 25
90427 Nürnberg-Neunhof
Tel. 09 11/3 07 10 66
Apr–Okt Fr 9.00–18.00 Uhr, Sa 9.00–13.00 Uhr
Nov–März Fr 9.00–17.00 Uhr, Sa 9.00–13.00 Uhr

Bauernladen Johann Schwarzkopf

Untere Dorfstr. 17
90427 Nürnberg-Neunhof
Tel. 09 11/3 06 76 92
Zur Spargelsaison Mo–Fr 8.00–20.00 Uhr,
Sa 8.00–18.00 Uhr, So 10.00–16.00 Uhr
Außerhalb nach tel. Vereinbarung

Gemüsebau Manfred Dummet

Obere Dorfstr. 58
90427 Nürnberg-Neunhof
Tel. 09 11/30 56 06
Fr 13.00–19.00 Uhr sowie nach tel. Vereinbarung
Marktplatz Erlangen: Di, Do u. Sa 7.00–15.00 Uhr

Obst und Gemüse Rita Loy

Schnepfenreuther Hauptstr. 70
90425 Nürnberg-Schnepfenreuth
Tel. 09 11/34 57 63
Mo–Sa 8.00–19.00 Uhr
Roth, Wochenmarkt: Mi 9.00–13.00 Uhr
Nürnberg, Kobergerplatz: Fr 9.30–18.00 Uhr
Nürnberg, Kilianstr. 104 (Parkplatz):
Sa 9.30–17.00 Uhr

Gemüsebau Brückner

Mühlweg 89
90427 Nürnberg-Schniegling
Tel. 09 11/32 89 04
Mo, Mi u. Do 9.00–13.00 und 16.00–18.00 Uhr,
Di 9.00–13.00 Uhr, Fr 9.00–18.00 Uhr,
Sa 9.00–12.00 Uhr

Obst und Gemüse Georg und Marika Lorenz

Mittelstr. 10
90425 Nürnberg-Thon
Tel. 09 11/34 24 28
Mo, Di u. Do 8.30–13.00 und 14.30–18.00 Uhr,
Mi 8.30–13.00 Uhr, Fr 8.30–18.00 Uhr,
Sa 8.30–13.00 Uhr

Gemüsebau Günter Ottmann

Mittelstr. 45
90425 Nürnberg-Thon
Tel. 09 11/34 47 27
Wochenmarkt in Lauf a. d. Pegnitz: Mi u. Sa
7.00–13.00 Uhr
Dorfladen Schönberg, Pfarrstr. 5, 91207 Lauf:
Mo–Fr 6.30–18.00 Uhr, Sa 6.30–12.00 Uhr

Gartenbau Horst Geuder

Schleswiger Str.
90427 Nürnberg-Wetzendorf
Tel. 09 11/33 56 91
Mo–Fr 9.00–18.00 Uhr, Sa 9.00–16.00 Uhr

Gemüsebau Lehneis

Wetzendorfer Str. 247
90427 Nürnberg-Wetzendorf

Tel. 09 11/33 83 67
Mo–Fr 8.00–18.30 Uhr, Sa 9.00–14.00 Uhr
Neben Obst und Gemüse außerdem Käse und Eier

Demeter-Hof (Gärtnerei) Marcus Kratzer

Wetzendorfer Str. 269
90427 Nürnberg-Wetzendorf
Tel. 09 11/33 31 52
Hofverkauf nach tel. Vereinbarung
Am Hauptmarkt Nürnberg: Mai–Nov
Fr 8.00–18.00 Uhr

Biobauer Günter Sippel

Alte Parlerstraße 3
90425 Nürnberg-Wetzendorf
Tel. 09 11/33 22 06
Mo, Mi u. Fr 12.00–13.30 und 18.30–20.00 Uhr
Hauptmarkt Nürnberg: Di u. Fr 7.15–9.45 Uhr
Langwasser, Heinrich-Böll-Platz: Sa 7.15–9.45 Uhr

Gmäis- & Blumalodn Lehneis

Raiffeisenstr. 70
90427 Nürnberg
Tel. 09 11/3 77 14 41
Di–Fr 10.00–18.00 Uhr, Sa 9.00–13.00 Uhr
Neben Obst und Gemüse außerdem Knoblauchsländer Spezialitäten im Glas, Käse aus eigener Herstellung

Leuthäusser Gemüse

Dorffeldstr. 1
90427 Nürnberg
Tel. 09 11/34 53 54
Mo–Fr 14.00–18.00 Uhr
Neben Gemüse und Obst außerdem Spezialitäten wie Bamberger Hörnla

Imkerei Verena und Michael Hellmuth

Untere Stadtgasse 8b
90427 Nürnberg
Tel. 09 11/3 47 49 54
Hofverkauf nach tel. Vereinbarung

Obst und Gemüse Hans Sandmann

Ronhofer Weg 86
90765 Fürth
Tel. 09 11/7 90 64 54
Di u. Mi 8.00–12.30 und 17.00–18.30 Uhr,
Fr 8.00–12.30 und 14.00–18.30 Uhr,
Sa 8.00–12.30 Uhr

Gemüsebaubetrieb Mümmler

Alte Reutstr. 255
90765 Fürth
Tel. 09 11/30 27 41
Mo–Sa 9.00–12.00 und 15.00–18.00 Uhr

Bauernladen Georg Reitenspies

Sacker Hauptstr. ggü. Sparkasse
90765 Fürth
Tel. 09 11/30 33 88
Mo–Fr 9.30–13.00 und 15.00–17.30 Uhr,
Sa 9.00–12.00 Uhr
Neben Obst und Gemüse außerdem Holzofenbrot

Gemüsebau Gerhard und Fritz Zucker

Braunsbacher Str. 1
90765 Fürth
Tel. 09 11/30 28 09
Mo–Fr 9.00–12.00 und 13.00–17.00 Uhr,
Sa 9.00–12.00 Uhr sowie nach tel. Vereinbarung

Frankies Hofladen

Poppenreuther Str. 201
90765 Fürth
Tel. 09 11/18 09 31 32
Mo–Do 8.30–13.00 und 15.00–18.00 Uhr,
Fr 8.30–18.00 Uhr, Sa 8.30–13.00 Uhr
Neben Obst und Gemüse außerdem Eier, Honig, Liköre, Marmelade, Pilze, Teigwaren, Käse, Nudeln

Huckepack Erlebnisernte Jürgen Niedermann

Vacher Str. 30
91056 Erlangen-Hüttendorf
Tel. 09 11/76 25 70
Fr u. Sa 10.00–17.00 Uhr
Neben Obst und Gemüse außerdem Holzofenbrot, Marmelade, Saft, Nudeln uvm.

Wochenmärkte im Stadtgebiet Nürnberg

Hauptmarkt	Montag bis Samstag	7–20 Uhr
Allersberger-Scheurlstraße	Dienstag bis Freitag	8–18 Uhr
	Samstag	8–14 Uhr
Aufseßplatz	Montag bis Samstag	7–18 Uhr
Erlenstegen Endhaltestelle	Donnerstag (wenn Feiertag, am Mittwoch)	
	April bis Oktober	8–17 Uhr
	November bis März	8–16 Uhr
Fritz-Munkert-Platz	Mittwoch, Freitag und Samstag	7–18 Uhr
Gostenhof vor der Dreieinigkeitskirche	Donnerstag (wenn Feiertag, am Mittwoch)	10–18 Uhr
Heinrich-Böll-Platz	Samstag	8–12 Uhr
Johann-Adam-Reitenspieß-Platz	Mittwoch	7–13 Uhr
Kobergerplatz	Freitag	8–18 Uhr
Palmplatz vor der Kirche	Dienstag	7–14 Uhr
	Samstag	7–14 Uhr
Schillerplatz	Montag bis Freitag	8–18 Uhr
	Samstag	8–14 Uhr

Wochenmärkte im Stadtgebiet Fürth

Bahnhofplatz	Montag bis Freitag	7–20 Uhr
	Samstag	8–12 Uhr
Waagplatz	Samstag	7:30–13 Uhr

Wochenmärkte im Stadtgebiet Erlangen

Marktplatz	Montag bis Samstag	8–15 Uhr
Rathausplatz	Freitag	9–14 Uhr
Rudeltplatz	Freitag	9–17 Uhr

Rezeptregister

Gemüseregister

Obstregister:

Die Autorin

Marianne J. Voelk leitete nach ihrem Sprachstudium 17 Jahre lang eine eigene Privatschule, bevor sie sich der Naturheilkunde und der Ökotrophologie zuwandte und das Studium zur Gesundheitsberaterin GGB an der Dr.-Max-Otto-Bruker-Akademie absolvierte. Sie arbeitet heute als Gesundheitsberaterin GGB mit den Schwerpunkten vegetarische Ernährung, Heilung durch bioaktive Pflanzenstoffe und Naturheilverfahren. Weiterhin ist sie Fachbuchautorin für Gesundheits- und Ernährungsthemen. Hierzu hat sie bereits zahlreiche Bücher veröffentlicht.

Der Fotograf

Peter Kunz wurde 1972 in Fürth geboren, nach dem Abitur absolvierte er eine Ausbildung zum Fotografen. Am Anfang seiner Karriere fotografierte er vor allem Mode und Werbung. Später immer mehr Editorial und immer wieder Bilder von Menschen. Zwischendurch wanderte er nach Australien aus, studierte Geschichte, Medienwissenschaften und Philosophie in Erlangen und Venedig. Peter schreibt und fotografiert für Bücher, Zeitschriften und kommerzielle Kunden. Seine eigenen Projekte haben sehr oft mit historischen fotografischen Prozessen zu tun. Für *Patisserie International* wurde er 2011 mit der GAD-Silbermedaille ausgezeichnet.